Lisbeth Bischoff
Frauen für die Krone

Lisbeth Bischoff

FRAUEN
···· für die ····
KRONE

**Eine neue Generation
auf den Thronen Europas**

Mit 52 Abbildungen

Besuchen Sie uns im Internet unter: amalthea.at

© 2020 by Amalthea Signum Verlag, Wien
Alle Rechte vorbehalten
Umschlaggestaltung: Valence, www.valencestudio.com
Umschlagmotiv: © Shutterstock/Valencestudio
Lektorat: Martin Bruny
Herstellung und Satz: VerlagsService Dietmar Schmitz GmbH, Heimstetten
Gesetzt aus der 10,9/15,67 pt Sabon LT Pro
Designed in Austria, printed in the EU
ISBN 978-3-99050-180-1

Inhalt

Vorwort 9

Das Ende der Grüßonkel 11

    Monaco 14

    Großbritannien 17

    Luxemburg 35

    Liechtenstein 40

    Dänemark 42

Alles Schöne sei weiblich 51

Kaiser, König, Edelmann 53

Kronprinzessin Elisabeth von Belgien 60

    Taufzeremonie nach ganz genauen Riten 62

    Elisabeths Großvater, der widerwillige Monarch 63

    Thronfolgerin seit Geburt 63

    Lebe, um zu lernen. Lerne, um zu leben 65

    Die Skandale der Vergangenheit werden Elisabeth begleiten 67

    Hineingeboren in das langweiligste Königshaus der Welt 71

Schritt für Schritt zur Königin 74

Elisabeth kennt die Geschichte ihres Königshauses 76

Liebesg'schichten und Heiratssachen,
Thronfolger inklusive 78

Die dunkle Seite der Vorfahren 81

Stilgerechtes Wohnen in den Palästen 83

Das Wissen, vermögend zu sein 84

Kronprinzessin Catharina-Amalia der Niederlande 87

Wie erklimmt sie den Thron? 90

Großmutter Beatrix war als Regentin nie Königin 92

Die Heiratspolitik im Wandel 99

Nicht für die Schule, sondern für das Leben lernt auch Amalia 103

Eine Monarchin sagt danke.
Amalia wird Kronprinzessin 107

Krisenmanagement royal 108

Auch Amalia wird an Bewährtem festhalten 112

Willem-Alexander
übernimmt das Zepter 115

Den Umgang mit der Presse lernt Amalia
von klein auf 121

Vermögen in Hülle und Fülle 122

Der Tradition des Königshauses verpflichtet 126

Der Ernst der Krone beginnt 2021 129

Kronprinzessin Ingrid von Norwegen 131

Großvater Harald und sein Trotzkopf 136

Großvater Harald – der stille Monarch 139

Für Kronprinz Haakon galt noch die männliche Thronfolge 143

Ein freies Leben auch mit der Bürde des Throns 144

Mit Aufregungen im Königshaus aufgewachsen 148

Vater Haakon – der gleiche Trotzkopf wie Großvater Harald 152

Die Aufgaben am Königshof sind klar aufgeteilt 155

Die königlichen Residenzen sind eher bescheiden 157

Ingrid – Norwegens erste Königin 158

Kronprinzessin Leonor von Spanien 160

Die Regelung der spanischen Thronfolge 163

Großvater Juan Carlos geht als umtriebiger Monarch in die Geschichte ein 166

Schul- und Lehrjahre einer Infantin 169

Die Skandale am Königshof reißen nicht ab 172

Es ist ein Bub! 181

Eine Ära geht zu Ende 186

Felipe tritt ein schweres Erbe an 188

Spagat zwischen Tradition und Moderne 191

Standesgemäß wohnen 192

Der Thron wartet 193

Kronprinzessin Estelle von Schweden 198

Schlafend nahm Estelle die ersten Glückwünsche entgegen 201

Die Änderung des Thronfolgegesetzes und seine Folgen 204

Die Heiratspolitik der Bernadottes 206

Estelles aufmüpfiger Großvater, Carl XVI. Gustaf 210

Der Thron kann warten 214

Die Belastung durch Skandale der Vergangenheit 218

Im Fokus der Medien 224

Wie Vater und Mutter einander gefunden haben 229

Mutter Victoria ist noch in der Warteschleife 232

Estelle kennt die Geschichte ihres Königshauses 233

Hochwohlgeboren, stilvoll residieren 234

Bildnachweis 243
Namenregister 244

Vorwort

»Alles revoltiert«, stöhnte Ägyptens König Faruk 1948, vier Jahre vor seiner erzwungenen Abdankung. »Bald wird es nur noch fünf Könige geben: den Schippenkönig, den Kreuzkönig, den Herzkönig, den Karokönig und den König von England.« Das war etwas zu pessimistisch gedacht, aber bis heute wird diese Prophezeiung in London gerne zitiert, sieht sich das britische Königshaus doch als Leitmonarchie der Welt.

Noch gibt es allerdings zehn Monarchien in Europa. Der Staat Vatikanstadt, eine absolute Wahlmonarchie, und Andorra, das parlamentarische Fürstentum mit zwei ausländischen Amtsträgern, die die Funktion des Staatsoberhaupts ausüben, bleiben hier außer Betracht – auch wenn die Situation Andorras sehr interessant ist, fungiert doch der französische Staatspräsident Emmanuel Macron seit seinem Amtsantritt im Mai 2017 als Kofürst von Andorra. Das Amt beruht auf dem Vertrag zwischen dem spanischen Bischof von Urgell und dem französischen Grafen von Foix aus dem Jahr 1278. Die Besitztümer und Ämter der Grafen von Foix gingen 1479 auf das Hochadelsgeschlecht Navarra über, welches 1589 den französischen König stellte. Als Rechtsnachfolger der Könige Frankreichs ist der französische Staatspräsident daher automatisch Kofürst von Andorra. Doch das ist eine andere Geschichte.

In den zehn europäischen Monarchien wird sich das quantitative Verhältnis von männlichen und weiblichen Nachkommen in der nächsten Generation verschieben. Das ist bemerkenswert. Bis auf Großbritannien, Dänemark, Luxemburg, Liechtenstein und

Monaco sind überall Prinzessinnen geboren worden, die dank neuer Thronfolgegesetze Königinnen werden dürfen. Die Königshäuser sind endlich im 21. Jahrhundert angekommen. All den kommenden Regentinnen ist dieses Buch gewidmet.

Das Ende der Grüßonkel

»Die europäischen Monarchien werden nach Adelsprotokoll gereiht. Für die allgemeine Rangordnung von Staatsoberhäuptern gilt das Prinzip der Anciennität* gleichrangiger Funktionsträger«, weiß Karl Urschitz, Protokollchef des Landes Steiermark von 1992 bis 2003. Abweichend davon gilt nach Adelsprotokoll als Rangordnung der Monarchien das Alter der Krone beziehungsweise der zur Krone gelangten Dynastie (unabhängig von Anciennität und Lebensalter des Monarchen). Die Betonung liegt auf Dynastie, nicht auf Haus, denn durch ein neues Haus wird die Dynastie nicht unterbrochen.

Der Begriff »Dynastie« beschreibt ein Herrschergeschlecht, das über einen längeren Zeitraum durch Macht-, Wirtschafts- und Heiratspolitik und eine gelungene Erbfolge eine kontinuierliche Besetzung der höchsten Fürstenwürde seines Landes garantiert. Unter einem »Haus« versteht man lediglich eine Familie des Herrschergeschlechts. Gute Beispiele dafür sind Maria Theresia oder Englands Queen Victoria. Der Tod Victorias beendete die Herrschaft des Hauses Hannover, die mit der Thronübernahme ihres ältesten Sohnes Edward VII. auf das Haus Sachsen-Coburg und Gotha überging, das 1917 in Haus Windsor umbenannt wurde.

Heute spielt die Frage eines neuen Hauses bei der Heirat einer Monarchin durch das offenbare Fallenlassen des Salischen Geset-

----
* Anciennität ist jene Rangordnung, die sich aufgrund der Zugehörigkeitsdauer zu einer Gruppe etwa aufgrund des Dienstalters ergibt.

zes, das Frauen von der Thronfolge ausschloss und durch Jahrhunderte strikt angewendet wurde, keine Rolle mehr. Das zeigt die große Zahl der Kronprinzessinnen in Europa.

Voraussetzung für die Erstellung der Reihenfolge ist erstens das Vorliegen eines souveränen Staates und zweitens der Zeitpunkt des Regierungsbeginns der aktuellen Dynastie. Das zweite Kriterium gilt als Grundlage für den Rang der Monarchie. Königreiche stehen dabei höher als Großherzogtümer und diese wiederum vor Herzogtümern und Fürstentümern.

Königshäuser	*Regierungsbeginn der aktuellen Dynastie*
Großbritannien	871
(zählte auch zu den Großmächten, siehe unten)	
Dänemark	1448
Spanien	1700
(mit drei Restaurationen, die letzte 1975, als König Juan Carlos den Thron bestieg)	
Niederlande	1815
Schweden	1818
Belgien	1831
Norwegen	1905

Großherzogtümer	
Luxemburg	1890

Fürstentümer	
Liechtenstein	1719
Monaco	1949/1633

Im Fall von Monaco erhebt sich die Frage, ob der Sohn aus der geschiedenen Ehe einer legitimierten unehelichen Tochter eines Monarchen nicht nur ein neues Haus, sondern auch eine neue Dynastie begründet. Wird eine neue Dynastie bejaht, gilt das Jahr 1949, wird ein neues Haus bejaht, das Jahr 1633. Louis II. von Monaco (1870–1949) hatte als einziges Kind seine uneheliche Tochter Charlotte, die er 1919 legitimierte und zur Prinzessin erhob. Sie heiratete 1920 Graf Pierre Xavier de Polignac aus französischem Uradel. Aus dieser 1933 geschiedenen Ehe stammt Fürst Rainier III., der ab 1949 regierte und das Haus Polignac-Grimaldi begründete.

Großmächte

Zu Beginn des 20. Jahrhunderts gab es über den Königshäusern noch eine weitere Rangkategorie: die Großmächte, zu denen Deutschland, Österreich-Ungarn, Großbritannien, Italien, Frankreich, Russland und die Türkei zählten. Für sie galt bei protokollarischen Anlässen nicht das Alter der Dynastie, sondern das Alternat*. Eine protokollarische Besserstellung von Kaisern gegenüber Königen gab es nicht.

Die Königinnen von morgen haben die besseren Voraussetzungen, ihr Königreich zu repräsentieren, »die Königinnen der Zukunft haben es echt gut«, meint Motivforscherin Helene Karmasin. »Sie können ihre Rolle viel besser ausführen, als es ein König könnte. Sie sind genau für dieses Gebiet da – für das

---

* Ein Begriff aus dem Vertragsvölkerrecht. Im Alternat kommt die Überzeugung des Völkerrechts von der formalen Gleichheit der Völkerrechtssubjekte zum Ausdruck. Im Alternat widerspiegelt sich die Gleichrangigkeit der Staaten, die Grundlage des modernen Völkerrechts ist.

Schöne. Sie müssen charmant auftreten, stilvoll eröffnen können, grüßen, Gastgeberinnen sein und dürfen karitativ wirken. Sie haben einfach lieb und schön zu sein und vielleicht etwas majestätisch. Da tut sich ein König mit seiner Uniform und den Orden, mit der dahinterstehenden militärischen Macht, die es ja nicht mehr gibt, als Grüßonkel gewissermaßen, schwerer.«

Monaco

Noch sind nicht überall an den Königs- und Fürstenhäusern weibliche Thronerben erwünscht. Monaco verfährt in puncto Thronfolge nach der patrilinearen Primogenitur. So ist es in Artikel 10 der monegassischen Verfassung geregelt. Thronfolger ist demnach der erste direkte und legitime Nachkomme des Fürsten mit Priorisierung der männlichen Sprösslinge im gleichen Verwandtschaftsverhältnis. In Monaco wurde das Thronfolgeproblem im Jahr 2002 mit einer Verfassungsänderung gelöst. Seit diesem Zeitpunkt darf auch ein Sohn der Schwestern von Albert II. von Monaco den Thron besteigen. Das war notwendig, denn würde ein Thronfolger fehlen, fiele Monaco an Frankreich zurück.

Die beiden unehelichen Kinder von Fürst Albert II. sind von der Thronfolge ausgeschlossen: Die 1992 geborene Tochter Jazmin Grace Rotolo ebenso wie der 2003 geborene Sohn Alexandre Coste. Thronerben müssen in einer aufrechten Ehe gezeugt werden und katholisch sein.

Der Druck, der auf Fürstin Charlène lastete, endlich ein Kind bekommen zu müssen, hatte sich mit der Verfassungsänderung aufgelöst. Diese musste allerdings doch nicht in Anspruch genommen werden, denn am 10. Dezember 2014 brachte die Fürstin auf der Entbindungsstation des Princess Grace Hospital in Monaco

Fürst Albert II. und Fürstin Charlène von Monaco:
Sie möchten das Märchen auf dem Grimaldifelsen fortsetzen.

Zwillinge zur Welt: Gabriella Theresa Marie, geboren um 17.04 Uhr, und Jacques Honoré Rainier um 17.06 Uhr. Das änderte die Thronfolge im Fürstenhaus. Prinz Jacques wurde der neue Erbprinz von Monaco. Laut Palast erhielt er nach dem Vertrag von Péronne von 1641 den Titel Marquis von Baux. Prinzessin Gabriella wurde als Nummer zwei der Thronfolge Herzogin von Carladès.

Der Fortbestand des Fürstentums ist mit den Zwillingen, Prinz Jacques und Prinzessin Gabriella, gesichert.

Das Fürstenhaus ist sehr traditionsbewusst und daher darauf bedacht, die Herrschaft der männlichen Grimaldis zu sichern. Für Prinzessin Gabriella stand also bereits vor der Geburt fest, dass sie ein Leben lang die Nummer zwei sein würde. Zeugt ihr Bruder Jacques eines Tages Kinder, verliert sie im Fürstentum weiter an Bedeutung. Da ereilt sie das gleiche Schicksal wie ihre Tante Caroline, die durch die Zwillingsgeburt in der dynastischen Hierarchie erneut zurückgefallen ist und ab da nur mehr an vierter Stelle der Erbfolge stand. Bei ihrer Geburt 1957 war sie als erstes Kind von Fürst Rainier III. und Fürstin Gracia Patricia noch Thronfolgerin. Doch das Prinzip der patrilinearen Primogenitur brachte ihren 1958 geborenen Bruder Albert an die Macht. Da spielte es auch keine Rolle, dass sie durch die Ehe mit Ernst August von Hannover zur Königlichen Hoheit avancierte, während ihr Bruder, der Fürst, nur Durchlaucht ist.

Großbritannien

Thronfolger der Monarchien Europas warten unterschiedlich lange auf die Krone. Während die einen noch die Schulbank drücken, ist einer schon im Rentenalter: Englands ewiger Thronfolger Charles (72). Kein royaler Azubi war jemals besser auf seine künftige Rolle als König vorbereitet.

Charles trägt Maßhemden zum Stückpreis von 350 Pfund, ist ein Vorreiter der Ökolandwirtschaft, Schirmherr von 425 Wohltätigkeitsorganisationen und hat zudem 20 eigene gegründet. Er hasst moderne Architektur, spricht mit seinen Pflanzen und glaubt an Homöopathie. Er besitzt kein Mobiltelefon, stattdessen wird er auf Reisen von einer Telefonistin begleitet. Ebenfalls immer dabei: Trauerkleidung für den Fall des plötzlichen Ablebens eines königlichen Verwandten. Wenn die Stunde kommt, wird Charles übernehmen, doch ein Mitarbeiter des Prinzen wurde jüngst im Magazin *Time* mit den Worten zitiert, Charles wolle noch »so viel Gutes tun wie möglich, ehe sich die Gefängnistore schließen«.

Die Queen: Kein Windstoß der Geschichte konnte Ihrer Majestät innerliche Festigkeit je erschüttern.

Überspringen kommt nicht infrage, die Erbfolge unterliegt keinem Schönheitswettbewerb. So gern immer wieder Umfragen zur Nachfolge der Queen angestellt werden – sie sind irrelevant. Die Linie der Thronfolge zu unterbrechen, ist genauso abwegig wie die Vorstellung, die Queen könnte abtreten. Ohnehin müssten darüber das Parlament sowie 15 Commonwealth-Staaten, in denen die Königin neben dem Vereinigten Königreich Großbritannien und Nordirland ebenfalls Staatsoberhaupt ist, entscheiden. Die Frage bleibt freilich rein theoretisch: Das Parlament würde nie den Inhaber des Throns frühzeitig in den Ruhestand schicken, es hat noch nie zwei lebende Herrscher Seite an Seite gegeben. Sollte die Queen durch Krankheit nicht mehr in der Lage sein, ihre Pflichten zu erfüllen, würde Charles kraft des

Regency Act zwar Regent werden, aber nicht König, solange seine Mutter noch lebt.

Festgelegt sind die Regeln der britischen Thronfolge in der Bill of Rights von 1689, im Act of Settlement von 1701 und in der Royal Marriages and Succession to the Crown Bill von 2009. Nur das Parlament kann die Thronfolge ändern. Thronfolgeberechtigt sind alle noch lebenden, legitimen (nicht ausgeschlossenen) Nachkommen von Sophie von Hannover, jener Herzogin zu Braunschweig und Lüneburg und Kurfürstin von Braunschweig-Lüneburg, die durch den Act of Settlement ab 1701 die designierte Thronfolgerin der britischen Monarchie war.

Im Oktober 2011 beschlossen die Commonwealth-Staaten im Perth Agreement, die rund 300 Jahre alte Thronfolgeregelung zu ändern. Entscheidend wurde damit die Reihenfolge der Geburt, weibliche Nachkommen werden nicht mehr nach den männlichen Nachkommen gereiht. Diese gleichberechtigte Thronfolge gilt für Geborene seit dem 28. Oktober 2011, bei früher Geborenen bleibt alles beim Alten. Von der Thronfolge ausgeschlossen sind die Kinder unverheirateter Paare. Auch eine nachträgliche Hochzeit der Eltern ändert daran nichts.

Thronfolger dürfen eine Ehe mit einem katholischen Partner schließen, ohne, wie das früher der Fall war, von der Thronfolge ausgeschlossen zu werden. Allerdings muss der Regent als Vorsteher der englischen Staatskirche anglikanischen Bekenntnisses sein. Dieser Beschluss gilt seit dem 26. März 2015, nachdem er von allen Staaten des Commonwealth ratifiziert wurde. Durch die enge Verwandtschaft des europäischen Hochadels findet man auch regierende Monarchen anderer Staaten wie König Harald V. von Norwegen, König Carl XVI. Gustaf von Schweden und Königin Margrethe II. von Dänemark in der britischen Thronfolge.

Prinz Charles

Charles Philip Arthur George, Fürst von Wales, Herzog von Cornwall, wurde am 6. Februar 1952, im Alter von drei Jahren, Thronfolger. Seit dem 20. April 2011 ist er der am längsten amtierende Thronfolger. An diesem Tag stand er 59 Jahre, zwei Monate und 14 Tage bereit, um die Regentschaft anzutreten. Rekordhalter bis dahin war sein Ururgroßvater Edward VII. Er folgte nach 59 Jahren, zwei Monaten und 13 Tagen seiner Mutter, Königin Victoria, auf den Thron nach. Mittlerweile wartet Charles schon länger als 68 Jahre darauf, die Regentschaft anzutreten (Stand: August 2020).

Charles erblickte am 14. November 1948 das Licht der Welt. Ausgerechnet er, der Schüchterne, musste im Blitzlicht der Fotografen heranwachsen. Auf keinen Fall sollte er verweichlicht werden, also durfte es zu keiner Operation wegen abstehender Ohren kommen.

In seiner Biografie klagt der Thronfolger über seine »elende Kindheit«. »Ich kann mich an keine einzige Geste der Zuneigung erinnern.« Im Kindergartenalter wurde er nur zwei Mal am Tag zu einer kurzen Audienz bei seiner Mutter vorgelassen. Ein einziges Mal, erinnert sich Charles, blieb seine Mutter etwas länger bei ihm, während er von seinem Kindermädchen Helen Lightbody gebadet wurde: »Sie tauchte ihre Hände nicht in das Badewasser, aber zumindest schaute sie zu.«

Weil die Nanny eine von der Queen geordnete Nachspeise für Charles vom Speiseplan einfach gestrichen hatte, wurde sie von der Queen höchstpersönlich entlassen. Diese Strenge war selbst der Queen zu viel.

Auch Charles' Vater war dem Kind keine Stütze. Bis heute hält Charles ihm vor, dass er ihn nach Schottland in ein Internat geschickt hat, wo er doch so an Heimweh gelitten habe. Queen Mum setzte sich für Charles ein, sodass er anschließend eine Schule in der Nähe von Schloss Windsor besuchen durfte. Doch Charles' Vater sprach schließlich ein Machtwort und schickte ihn in die internationale schottische Privatschule Gordonstoun. Jene Schule, die dereinst auch Philip besucht hatte.

In seinem Abschlussjahr hatte Charles einen Zweier in Geschichte und einen Dreier in Französisch. Mit 13 Mitschülern teilte er sich ein Zimmer. Um sieben Uhr begann der Tag mit einem Morgenlauf. Morgens und abends wurde kalt geduscht, und während der 20-minütigen Mittagspause mussten die Schüler still auf dem Rücken liegen, während ein Lehrer ihnen vorlas oder Musik gespielt wurde.

Der 13-jährige Charles schrieb in einem Brief nach Hause: »Ich schlafe kaum. Weil ich schnarche, schlägt man mir ständig auf den Kopf. Es ist die absolute Hölle.«

Wahre Schreckensmeldungen in Sachen Erziehung im britischen Königshaus sind aus der Vergangenheit bekannt. Die beiden englischen Könige Edward VIII. und sein Bruder und Nachfolger George VI. wurden in ihrer Kindheit psychisch fast kaputtgemacht. Queen Elizabeth erlebte ihre Kinderjahre im Buckingham-Palast wie eine Gefangene, beinahe ohne Kontakt zur Außenwelt, mit wenigen Ausnahmen. So fuhr sie im Mai 1939 als 13-Jährige zum ersten Mal mit der Londoner U-Bahn und absolvierte einen sechswöchigen Arbeitsdienst. »Die einzige Gelegenheit, bei der ich meine Fähigkeiten mit Gleichaltrigen messen konnte«, erzählte sie Jahrzehnte später, sei die Führerscheinprüfung gewesen, die sie 1945 ablegte.

Bei Lilibeth, wie Elizabeth als Kind vom größten Teil ihrer Familie genannt wurde, wandte man jene Erziehungsmethoden an, die bei künftigen Regenten an der Tagesordnung standen. So brachte ihr zum Beispiel ihre Nanny Clara Knight von klein auf bei, den Besuch des stillen Örtchens in den Griff zu bekommen. Wenn Lilibeth dem Drang stundenlang widerstehen konnte, gab's zur Belohnung Kekse.

Juni 1970: Ein Poloplatz nahe Schloss Windsor. Eine Ex-Freundin von Charles flüstert in dessen verschwitztes Ohr: »Ich hab die Richtige für dich gefunden. Camilla Shand, seit sechs Jahren liiert mit dem Kavallerie-Offizier Andrew Parker Bowles.« Doch Charles weiß, dass Camilla als seine Ehefrau nicht in Betracht kommt, da er nicht der erste Mann für sie ist. Sie heiratet Andrew Parker Bowles und wird zweifache Mutter.

Charles' Wahl fiel auf die 19-jährige Kindergärtnerin Diana Spencer. Als der Kronprinz 1981 seine Verlobung mit ihr verkündete, soll ein Arzt zuvor noch Dianas Jungfräulichkeit bestätigt haben. Historisch gesehen diente dies dazu, sicherzustellen, dass die Braut nicht mit dem Kind eines anderen Mannes in die Ehe kam. So sollte das Fortleben des Adelsgeschlechts gesichert werden. In Zeiten von Vaterschaftstests und DNA-Analysen ist die Jungfräulichkeit der Braut heutzutage keine Bedingung mehr für ein Fortbestehen der Thronfolge.

Die Welt feierte das Brautpaar und schloss Diana ins Herz, als sie zwei Söhne zur Welt brachte: William und Henry, genannt Harry.

Majestäten werden nicht gewählt, das Königtum verdankt seine Macht einzig dem Erbprinzip. Daher kann ein regierendes Herrscherhaus nicht erwarten, dass das Privatleben seiner Mitglieder respektiert wird. Und so waren auch die Geburten der Kinder von Charles und Diana öffentliche Ereignisse. Direkt nach der Niederkunft wurden Queen Elizabeth II. und der jeweils amtierende Premierminister informiert. Erst im Anschluss daran durfte die Nachricht veröffentlicht werden. Eines steht fest: Schläft die Queen, gibt's keine Bekanntgabe der Geburt.

Diana brachte ihre Kinder im Londoner St. Mary's Hospital zur Welt. Damals war es eine radikale Entscheidung, die königliche Residenz für die Geburt zu verlassen. Queen Elizabeth II. wurde im Londoner Haus ihres Großvaters mütterlicherseits geboren. Noch bis in die Mitte des 20. Jahrhunderts musste der britische Innenminister bei einer königlichen Geburt zugegen sein. So auch 1926, als Elizabeth auf die Welt kam. Als ihr Sohn, Prinz Charles, 1948 geboren wurde, war dies nicht mehr der Fall. Prinzessin Diana musste ebenfalls keine königlichen Aufpasser mehr ertragen.

Charles zog sich in den Jahren der Ehe immer mehr von Diana zurück und suchte die Nähe von Camilla. Deren Ehe war zerrüttet, ihr dauergehörnter Ehemann Andrew hatte das Dasein als Alibimann endgültig satt und machte Platz für Charles. Am 9. April 2005 heiratete der Thronfolger seine Camilla. Triumph einer einst verbotenen Liebe …
Windsor war im Ausnahmezustand, alle Fensterplätze mit Blick zum Schloss waren an Fernsehstationen verkauft. Ich berichtete vor Ort für den ORF. Bei den Liveeinstiegen war hinter mir das Schloss prächtig zu sehen. Was unentdeckt blieb: Unser angemieteter Fensterplatz entpuppte sich als kleines Badezimmerfenster knapp unter der Zimmerdecke. Ich musste auf der Toilette stehen. Man hätte die Hochzeitsgesellschaft nicht gesehen, wäre ich auf dem Boden geblieben. So viel zur Bodenständigkeit in der Adelsberichterstattung …

Aus »Prinz Segelohr« ist mittlerweile ein silbermelierter Windsor geworden, der noch immer auf den Thron wartet. Niemand glaubt, wie schon erwähnt, dass die Queen auf leisen Sohlen davongehen und abdanken wird. Und geht das so weiter, wird auch William in betagtem Alter sein, wenn er einst den Thron erklimmt. Auch für George kann die Wartezeit auf den Thron lang werden.

Prinz William

William und Catherine versuchen, ihren Erstgeborenen bodenständig zu erziehen. Doch dieses Unterfangen dürfte nicht ganz einfach sein. Im April 2016 meinte Prinz William in einem BBC-Interview: »Ich möchte meine drei Kinder in einer glücklichen, stabilen und sicheren Welt erziehen. Das ist für uns als Eltern wichtig. Ich möchte nicht, dass George hinter Palastmauern aufwächst. Er muss draußen sein.« Und ergänzte: Um seinem Sohn so lange wie möglich ein unbeschwertes Leben zu ermöglichen, habe er ihm noch nicht erklärt, welch herausragende Rolle er eines Tages für sein Land spielen werde.

Eines Tages wird Prinz George den Thron des Vereinigten Königreiches und Nordirland besteigen. Eine Aufgabe, die sein Leben bereits in jungen Jahren prägen wird. Anzunehmen ist, dass er nach der Schulausbildung wie sein Großvater Charles und sein Vater William eine Militärlaufbahn einschlagen und immer mehr Repräsentationspflichten für das Königshaus übernehmen wird. Die beiden werden George in die Amtsgeschäfte eines Königs einarbeiten. So war es bei Großvater Charles und bei Vater William.

Aus Prinz Charles ist ein silbermelierter Windsor geworden, der noch immer auf den Thron wartet.

Im Jänner 2020 wurden die Schulleistungen der britischen Blaublüter veröffentlicht: Demnach schloss William im Jahr 2000 seine Matura am Eton College mit einem Sehr gut in Erdkunde, einem Gut in Kunst und einem Befriedigend in Biologie ab. Sein daran anschließendes Geografie-Studium an der St.-Andrews-Universität in Schottland schloss er mit der Note 2 ab. Seine Ehefrau Catherine studierte ebenfalls in St. Andrews. Nach einem ausgezeichneten Maturazeugnis mit der Note 1 in Mathematik und Kunst und der Note 2 in Englisch beendete sie ihr Kunstgeschichte-Studium mit der Note 2. William soll ein intensives, zwei Jahre dauerndes Trainingsprogramm absolviert haben. Offenbar bekam er in Sachen britische Verfassungskunde Privatunterricht von Experten.

2019 wurde Prinz George sechs Jahre alt. Zeit, um ihn hinsichtlich seiner Ausbildung mehr zu fordern. Nach Angaben der britischen Nachrichtenagentur *The Press Association* besuchen er und seine Schwester die St. Thomas's Battersea School im Süden Londons, eine exklusive Ganztagsschule, die pro Schuljahr circa 20 000 Pfund, also umgerechnet rund 21 000 Euro kostet. Verantwortung und Disziplin werden von den Kindern erwartet. Auf dem Stundenplan stehen abendlich zehn Minuten Lektüre und wöchentlich eine neue Buchstabierregel. Da George optimal auf sein späteres Leben vorbereitet werden soll, wird er auch in dem Fach PSHCE (Personal, Social, Health and Citizenship Education) unterrichtet, das sich auf persönlicher und sozialer Ebene mit den Schülern auseinandersetzt. Die Philosophie der Schule lautet: Jedes Kind hat das Recht, gesund und sicher zu sein, zu genießen und einen positiven Beitrag zu leisten.

Williams Kinder haben das Glück, in einer liebevolleren Umgebung aufzuwachsen als die Kinder der Queen. Prinz Charles'

Welt dominierten Kindermädchen. Als die Queen und ihr Ehemann Philip 1953 auf eine sechsmonatige Auslandsreise gingen, ließen sie den fünfjährigen Charles allein in London zurück.

> Prinz William möchte nicht, dass George hinter Palastmauern aufwächst. Er muss draußen sein.

Ganz anders erlebten die beiden Söhne von Charles und Diana, William und Harry, ihre Kindheit. Diana hatte stets eine sehr enge Beziehung zu ihnen, sie brach mit Konventionen und trachtete, rechtzeitig zu Hause zu sein, um ihre Kinder ins Bett zu bringen. William und Catherine nahmen im April 2014 den damals erst wenige Monate alten George kurzerhand auf eine Reise nach Australien mit. George und seine Schwester wachsen ohne den Drill, die Härte und Disziplin, die ihre Ahnen noch erfuhren, auf.

Traditionell war der Vater eine Respektsperson, dessen bloße Anwesenheit schon Angst einflößte. Die Queen, damals noch Prinzessin Elizabeth, und ihre jüngere Schwester Margaret mussten sich von ihrem Großvater, König George V., jeden Abend rückwärts schreitend und unter ständigem Knicksen mit den Worten »Wir wünschen Eurer Majestät eine friedliche Nachtruhe« verabschieden. Ein Satz von König George V. macht nachdenklich: »Mein Vater, Edward VII., hatte Angst vor seiner Mutter, Queen Victoria. Ich hatte Angst vor meinem Vater, und ich werde verdammt noch mal dafür sorgen, dass meine Kinder Angst vor mir haben.« Welche Folgen dies für seinen Sohn Albert, den späteren König George VI., hatte, wissen wir aus Geschichtsbüchern, aber etwa auch aus dem Film *The King's Speech*: George VI., ein gehemmter Mann, stotterte seit seiner Kindheit heftig und versuchte, diesen Sprachfehler mithilfe eines Logopäden loszuwerden.

Queen Mum und König George VI. führten eine wunderbare, liebevolle Ehe. Sie half ihm bei seinen vielen psychischen Problemen, stützte und unterstütze ihn, er war der treueste Ehemann und ein äußerst treu sorgender Vater.

Straffe Erziehungsmethoden kennt man auch aus dem Hause Habsburg. Graf Leopold Gondrecourt war für die Ausbildung von Kronprinz Rudolf verantwortlich. Rudolf war schon bei seiner Geburt zum Oberst ernannt worden und sollte zum Soldaten erzogen werden. Die Abhärtungsmaßnahmen Gondrecourts hinterließen psychische Schäden. Der dreijährige Kronprinz wurde durch Pistolenschüsse und Kaltwassergüsse aus dem Schlaf gerissen und musste stundenlang exerzieren. Mit sechs Jahren sperrte ihn der Erzieher allein in den Lainzer Tiergarten und rief ihm über die Mauer zu: »Gleich kommt ein Wildschwein.« Der kleine Thronfolger schrie und glaubte, um sein Leben laufen zu müssen. Kaiserin Elisabeth drohte, ihren Mann Franz Joseph zu verlassen, wenn diese Erziehungsmaßnahmen nicht geändert würden. Zwar mit Erfolg, aber die seelischen Schäden bei Kronprinz Rudolf waren nicht mehr zu beheben.

Die Kindererziehung am preußischen Hof machte ebenso von sich reden. König Friedrich Wilhelms Sohn, Kronprinz Friedrich, hatte bereits mit 14 Jahren eine eigene Wohnung und einen eigenen Hofstaat. Doch der Drill begann beim Lernen: Mathematik, Kriegswissenschaft, Artillerie, Ökonomie, Geschichte, Völkerrecht, Geografie ... Sportliche Aktivitäten waren erlaubt, verboten dagegen Opernbesuche, Kartenspielen oder gar das Schielen zu jungen Damen. Der strenge Vater unterstrich die Verbote mit dem Rohrstock und sagte: »Ich mag keinen effeminirten Kerl leiden, der keine mennliche Inclinationen hat.« Keine Memmen, sondern richtige Kerle sollten herangezogen werden.

Der Cleveland-Street-Skandal & Jeffrey Epstein

»Männlichkeit« war auch Thema am britischen Königshof: Der Cleveland-Street-Skandal im viktorianischen England sorgte dafür, dass Homosexualität lange Zeit in Großbritannien als »adeliges« Laster bezeichnet wurde. Als die Polizei 1889 ein Bordell für Männer in der Cleveland Street aushob, stellte sich heraus, dass der englische Hochadel, hohe Hofbeamte sowie höhere Militärs dort ein und aus gingen. Die diesbezüglichen Untersuchungen und in der Folge Gerichtsverfahren wurden von oben vertuscht. Die öffentliche Stimmung richtete sich gegen das Königshaus und den Adel, als bekannt wurde, wie milde die Strafen waren, beziehungsweise dass die Earls straffrei ausgingen.

Prinz Albert Victor, genannt »Eddy«, ein Enkel von Queen Victoria, soll ebenfalls unter den Kunden gewesen sein. Besagter

Prinz genießt bis heute einen schrecklichen Ruf: Er wird unter anderem auch mit dem Kriminalfall Jack the Ripper in Verbindung gebracht – eine Fantasie, die heute noch Hollywood beflügelt. Der junge Mann war bisexuell und jedenfalls sehr eigenartig. Als er 27-jährig starb, zeigte sich sogar die Königsfamilie erleichtert, dass Eddy nicht Herrscher werden würde. Bis zu seinem frühen Tod stand er nach seinem Vater, Edward VII., an zweiter Stelle der Thronfolge der britischen Monarchie.

2011 fand sich das britische Königshaus erneut in Zusammenhang mit einem Sexskandal in den Schlagzeilen. Anlass waren die Verbindungen von Prinz Andrew zu dem US-Geschäftsmann Jeffrey Epstein, einem verurteilten Pädophilen. Es tauchten pikante Bilder aus dem Jahr 2001 auf, die Andrew mit einer 17-Jährigen zeigten. Sie hatte ausgesagt, es habe zu ihren »Pflichten gehört, sich von Epsteins erwachsenen Freunden, darunter Mitglieder von Königshäusern, sexuell benutzen zu lassen«. Prinz Andrew geriet unter Beschuss. Aufgrund der Kritik an seinen zweifelhaften Kontakten gab Prinz Andrew am 22. Juli 2011 seine Rolle als Außenhandelsbeauftragter der britischen Regierung auf. Er verzichtete auf die offizielle Bezeichnung, trat aber weiter im Ausland für die Wirtschaftsbeziehungen seines Landes ein.

Acht Jahre danach drohte Prinz Andrew wieder Ungemach in Sachen Epstein. Im Rahmen der Ermittlungen gegen den US-Amerikaner belastete Virginia Roberts Giuffre, eines der Opfer Epsteins, den Prinzen. Sie sagte aus, sie habe auf Druck Epsteins mit dem Prinzen geschlafen. In den USA gilt Sex mit Minderjährigen als Straftat und wird mit bis zu fünf Jahren Gefängnis geahndet.

Der Palast wies alle Vorwürfe zurück. Ein Interview, das Andrew der BBC gab und in dem er alle Schuld von sich wies, wurde zum PR-Desaster. Er fand keine Worte für die Opfer, betonte wiederholt, er kenne Virginia Roberts Giuffre gar nicht, und ein Foto, das Andrew mit dem Opfer angeblich in der Tatnacht zeige, sei fake. Und er verteidigte seine Freundschaft zu Jeffrey Epstein.

In der Folge zog sich der Prinz unter Druck von allen Ämtern zurück. Er war immerhin Schirmherr von rund 230 Wohltätigkeitsorganisationen. Darüber hinaus strich ihm die Queen seine Apanage. Ganz PR-Profi, wusste sie auch, wie man solchen Bad News am besten begegnete: mit Liebesgeflüster. Ihre Enkelin, Prinzessin Beatrice, Tochter von Prinz Andrew, gebe demnächst ihre Verlobung mit Graf Edoardo Mapelli Mozzi bekannt, ließ man die internationale Presse wissen. Und so geschah es.

Das amouröse Manöver konnte allerdings nicht von den aufsehenerregenden Ärgernissen ablenken.

Prinz Harry & Meghan

Auf der Website der Royal Family heißt es: »Die Königsfamilie ist neutral, integer, unabhängig und vertrauenswürdig. Sie bleibt bei sich, ist herausgelöst aus Alltäglichkeiten und umgeben von einem jahrhundertelangen Mythos, der vor allem im Zeitalter der Massenmedien Menschen auf der ganzen Welt fasziniert. Und vor allem ist die Königsfamilie eines: nicht käuflich.« Und genau in diesem Zusammenhang wurden Prinz Harry und Herzogin Meghan Anfang 2020 zu einem Risiko. Die beiden wollen ihr Leben neu ausrichten – und künftig auch eigenes Geld verdienen. Sie möchten Mitglieder der Königsfamilie bleiben, aber mit finanzieller Unabhängigkeit. Als Senior-Mitglieder wäre es ihnen jedoch schlicht verboten, Geld zu verdienen.

Viele Experten sehen das Vorhaben des royalen Paares skeptisch. Die Royal-Expertin und Buchautorin Penny Junor nannte das Vorhaben des Paares »außergewöhnlich und nicht durchdacht«. Der frühere BBC-Royals-Korrespondent Peter Hunt sagte, Versuche der Royals, mit einer Karriere abseits der Verpflichtungen im Königshaus ihr eigenes Geld zu verdienen, hätten »immer mit Tränen geendet«. Der frühere Pressesprecher der Queen, Dickie Arbiter, meinte, das Vorgehen des Paares sei »eine Abfolge, Dinge auf ihre eigene Weise zu tun – was der falsche Weg ist«.

Nach ihrer Trennung von Thronfolger Prinz Charles 1993 hatte Harrys Mutter, Diana, angekündigt, ihre offiziellen Verpflichtungen zurückzufahren. Nach ihrer Scheidung von Charles 1996 durfte sie sich nicht mehr als »Königliche Hoheit« anreden lassen. Sie beendete ihr Engagement für 93 von 99 wohltätigen Einrichtungen, für die sie sich bis dahin eingesetzt hatte. Auch wenn sie nicht mehr wirklich zum Königshaus dazugehörte, sagte sich Diana aus Sorge um ihre Söhne nicht völlig los. Sie lebte weiter im Kensington-Palast, hatte aber keinen Personenschutz wie ein Royal. 1997 starb sie bei einer Verfolgungsjagd mit Paparazzi in Paris.

Von 1987 bis zum Tod von Diana war Paul Burrell ihr Butler. Er erinnerte sich an eine Parallele zu Harry und Meghan: »Die geschiedene Diana wollte mit ihren zwei Söhnen, William und Harry, nach Südafrika ziehen. Ihr jüngerer Bruder Charles Spencer besaß dort ein Anwesen. Das Sicherheitsrisiko sei jedoch zu groß gewesen. Sie hat sich dann in Amerika umgesehen. Es gab Bestrebungen, ein Haus in Malibu, an der Westküste der USA, zu kaufen.« Auch die Zimmereinteilung war laut Paul Burrell schon gemacht worden. Und nicht nur das: »Ich, meine Frau und die Kinder sollten im oberen Stockwerk leben. Also ihre Zukunft hätte Diana sicher in Amerika verbracht.«

Harry und Meghan gaben in ihrem Auf-und-Davon-Statement zunächst ganz allgemein Großbritannien und Nordamerika als künftigen Wohnort an. Vermutet wurde, die ehemalige Schauspielerin wolle in ihre Heimat an der Westküste der USA zurückkehren. Und Los Angeles ist es dann auch geworden. Paul Burrell äußerte schon vor längerer Zeit die Ansicht: »Ich bin fest davon überzeugt, dass Meghan ihre Kinder als Halbamerikaner aufziehen will, deswegen brauchen sie dort einen Wohnsitz. Es würde mich nicht wundern, wenn Harry und Meghan ein Anwesen in den USA kaufen würden.«

Der Prinz und die Herzogin dürfen Teil der königlichen Familie bleiben. Auf die Anrede »Königliche Hoheit« müssen die beiden in Zukunft verzichten. Seine Funktion im Militär muss Harry aufgeben. Es wird keine finanziellen Zuwendungen mehr für royale Aufgaben geben.

Auch auf den Titel »Commonwealth Youth Ambassadors« mussten sie verzichten. Damit hatten sie nicht gerechnet. Ihre Aufgabe bestand darin, junge Menschen bei Problemen mit der nächsten Generation zu unterstützen. Meghan ließ sich sogar die Blumen aller 53 Commonwealth-Nationen in ihr Hochzeitskleid sticken.

Die Renovierungskosten für ihr privates Heim Frogmore Cottage in Höhe von 2,8 Millionen Euro an Steuergeld müssen sie zurückzahlen. Das Anwesen auf dem Gelände von Schloss Windsor soll aber weiterhin das Zuhause der beiden in Großbritannien bleiben. Das Cottage wurde ihnen von der Queen zur Hochzeit geschenkt, gehört zum sogenannten Queens Estate (dem Besitz der Königin), und Elizabeth II. erlaubt Prinz Harry und Herzogin Meghan, darin zu wohnen.

Prinz Harry erhält von seinem Vater jährlich mehrere Millionen Pfund. Welche steuerlichen Folgen das nach sich ziehen wird, ist unklar.

Wer allerdings für die Sicherheit des Paares in Nordamerika in Höhe von an die 700 000 Euro jährlich bezahlen wird, ist bislang noch nicht durchgesickert.

Die *Daily Mail* berichtete, Harry und Meghan seien ihrer »Aussortierung« zuvorgekommen. Der Journalist Tom Bradby, ein enger Vertrauter des royalen Paares, behauptete, der Buckingham Palace habe Harry und Meghan zu verstehen gegeben, dass es Pläne für eine entschlackte Monarchie gebe – und dass die royalen Rebellen darin »keine wirkliche Rolle spielen« würden.

Ein Ausbruch aus einem der exklusivsten und unantastbarsten Familienunternehmen der Welt, deren Hofprotokoll als eines der strengsten überhaupt gilt. Mit der klaren und eindeutigen Megxit-Entscheidung hat die Queen gezeigt, dass der Bestand und die Zukunft des Hauses Windsor auf dem britischen Thron über jedem Einzelschicksal der Familie stehen. Dieses Verhalten, ganz im Sinne der von ihr verkörperten Stabilität und Kontinuität, hatte man von der Queen als Staatsoberhaupt auch erwartet.

Bei einem Spaziergang im Park des schottischen Familiensitzes Balmoral sinnierte Elizabeth dereinst: »Man kann viel bewirken, wenn man richtig zum Monarchen erzogen worden ist. Und ich hoffe, dass ich richtig erzogen worden bin.«

Prinz William streute seiner Großmutter Rosen: »Ich habe sehr jung meine Mutter verloren, daher war es für mich sehr wichtig, in der Queen ein Vorbild zu haben. Die es auch verstanden hat, wie es ist, wenn man einen geliebten Menschen verliert. Sie hat mich an der Hand genommen und mich unterstützt.«

Luxemburg

2008 hieß es in Luxemburg tief durchatmen. Am 2. Dezember teilte Henri, Großherzog von Luxemburg, dem luxemburgischen Premierminister Jean-Claude Juncker mit, er werde das geplante und kurz vor der zweiten Abstimmung stehende Sterbehilfe-Gesetz aus Gewissensgründen nicht unterschreiben. Zum ersten Mal seit 1912 hatte ein regierender Großherzog also die Absicht, einem Gesetz, das vom Parlament verabschiedet worden war, seine Unterschrift zu verweigern. Da die Unterzeichnung laut Verfassung notwendig war, drängten die Regierung und alle Parlamentsfraktionen auf eine Verfassungsänderung. Der Großherzog wurde in der Folge formal entmachtet. Er hat nun nur mehr die Aufgabe, Gesetze zu verkünden. Ein Volksbegehren gegen die Verfassungsänderung scheiterte, schlussendlich stimmte auch der Großherzog, der zum letzten Mal ein Gesetz billigen musste, zu.

Für Aufsehen sorgte der dritte Sohn von Großherzog Henri und seiner Frau, Großherzogin Maria Teresa von Luxemburg. Prinz Louis wurde am 12. März 2006 mit 20 Jahren Vater eines Sohnes: Gabriel Michael Louis Ronny. Die Mutter seines Erstgeborenen war die als Bürgerliche geborene 21-jährige Tessy Antony. Mit 18 war sie in die luxemburgische Armee eingetreten. 2004 diente sie bei den NATO-Streitkräften im Kosovo. Dort lernte die Soldatin Prinz Louis kennen. Am 29. September 2006 wurde geheiratet.

Da es sich um eine morganatische Ehe handelte, also eine nicht standesgemäße Ehe, verzichtete Prinz Louis auf seinen Platz in der Thronfolge. Er durfte zwar den Titel Prinz von Luxemburg behalten, seiner Frau Tessy und seinen beiden Söhnen blieb jedoch nur der Nachname Nassau. Das Paar wurde 2019 geschieden.

Seit dem 7. Oktober 2000 das Großherzogpaar von Luxemburg: Henri und Maria Teresa

2019 rumorte es weiter. Ein Online-Magazin aus dem Nachbarland wusste zu berichten, dass die Regierung die Personalpolitik am Großherzoglichen Palast untersuchen ließ. Mehr als 30 Angestellte hatten seit 2015 kurz nach ihrer Einstellung wegen der häufig schlechten Laune der Großherzogin Maria Teresa und ihren ständigen Stimmungsschwankungen gekündigt oder sollen entlassen worden sein. Der rasante Personalwechsel fiel auch der luxemburgischen Regierung auf. Premierminister Xavier Bettel reagierte im Juni 2019 mit der Einsetzung eines Sonderbeauftragten. Immerhin wird ein Teil der Mitarbeiter durch Steuergelder finanziert. Laut der Website *reporter.lu* waren es im Staatshaushalt 2018 7,6 Millionen Euro von einem Gesamtbudget von 10,7 Millionen Euro. Vor allem Großherzogin Maria Teresa war es, die in die Kritik geriet. Man warf ihr vor, in Personalfragen eine entscheidende Position einzunehmen, die ihr aber gar nicht zustehe. Großherzog Henri von Luxemburg verteidigte das Engagement seiner Frau: »Ich schreibe Ihnen vom Bett meines Schwagers auf einer Intensivstation in Genf«, begann er sein Statement. Er selbst habe, »dem Wunsch nach Offenheit, Transparenz und Modernität folgend«, zugestimmt, dass die vom Premierminister vorgeschlagene interne Analyse weitergeführt werde. Noch während des laufenden Prozesses seien in den Medien jedoch Artikel erschienen, in denen »unfaire Anschuldigungen« gegen seine Frau erhoben worden seien. Warum, fragte der Großherzog, werde hier eine Frau angegriffen, die sich stets für andere Frauen eingesetzt habe? Und weshalb wird ihr nun nicht einmal das Recht zugestanden, sich selbst zu verteidigen? »Seitdem ich den Thron bestiegen habe, war es unser gemeinsamer Wunsch, zur Modernisierung der konstitutionellen Monarchie beizutragen, und wir möchten diesen Prozess auch weiterhin unterstützen«, schrieb der 64-Jährige. Die Arbeit seiner Frau, die er immer unterstützt habe, umfasse zum Beispiel »Kampagnen gegen Legasthenie, die Bekämpfung von sexueller Gewalt, die Verbesserung des Status von inhaftierten Kindern in Afrika, die Förderung der Mikrofinanzierung und der Bildung für junge Mädchen und Frauen«. Henri von Luxemburg fügte hinzu, die Hingabe, mit der Maria Teresa sich in den vergangenen 39 Jahren für das Land eingesetzt habe, sei beispielhaft. »Ich bin stolz auf das Engagement, die Intelligenz und die Energie, die meine Frau in all dieser Arbeit einsetzt.« Und sie hätten vor, auch weiterhin für Luxemburg da zu sein und dem Volk zu dienen.

Am Freitag, dem 31. Jänner 2020, legte der Sonderbeauftragte Jeannot Waringo, der frühere Direktor der Generalinspektion der Finanzen, einen 43-seitigen Bericht vor. Viele Vorwürfe wurden bestätigt. Das barg reichlich Zündstoff. Ansätze für einen Neuanfang waren vorhanden. Er habe mit Mitarbeitern, auch ehemaligen, gesprochen, die von »Angst bei der Arbeit« erzählt hätten. Sie stünden unter großem Druck. Mit Fingerspitzengefühl formulierte Waringo seine Zweifel, ob es richtig sei, dass die Großherzogin weiterhin bei wichtigen Personalentscheidungen mitzureden habe: »Ich möchte sehr ehrlich und unter dem Risiko eines Missverständnisses sagen, dass in der Entscheidungskette des Palastes und insbesondere im Bereich der Personalverwaltung die Großherzogin, die eine rein repräsentative Funktion ausübt, keine Rolle spielen sollte.«

Prompt folgte eine Stellungnahme des Hofs: »Der großherzogliche Hof hat den Bericht über die Durchführung der Mission von Herrn Jeannot Waringo, Sonderbeauftragter des Premierministers, erhalten. Im Interesse größerer Transparenz und Modernisierung wird der Hof einen konstruktiven Beitrag zur Umsetzung der in diesem Bericht vorgeschlagenen Verbesserungen leisten.«

Die Wochenzeitung *d'Lëtzebuerger Land* spekulierte, die Veröffentlichung dieses Berichts könnte einen Rücktritt von Großherzog Henri nach sich ziehen. Dann wäre der am 11. November 1981 geborene Erbgroßherzog Guillaume von Luxemburg an der Reihe, die Nachfolge anzutreten.

Die Thronfolge im Großherzogtum Luxemburg wird durch die Verfassung vom 9. Juli 1848 geregelt. In Artikel 3 der Verfassung heißt es: »Die Krone des Großherzogtums ist erblich in der Familie Nassau, und zwar in Gemäßheit des Vertrages vom 30. Juni 1783, des Art. 71 des Wiener Traktats vom 9. Juni 1815

Erbgroßherzogspaar Guillaume und Stéphanie von Luxemburg sind seit Mai 2020 mit Sohn Charles zu dritt.

und des Londoner Vertrags vom 11. Mai 1867.« Das Thronfolgerecht ist nur von Mann zu Mann möglich, also gemäß der agnatischen Erbfolge. Erst wenn es keinen männlichen Thronfolger gibt, kommt die weibliche Thronfolge zum Tragen.

Allerdings hat der regierende Großherzog Henri im September 2010 die Thronfolge durch einen Erlass geändert, wonach für den Fall des Ablebens oder der Abdankung eines regierenden Großherzogs das Recht der Thronfolge künftig nicht allein auf den Mannesstamm begrenzt, sondern das Recht der Erstgeburt unabhängig vom Geschlecht eingeführt wurde.

Einen Thronfolgeverzicht leisteten die Prinzen Louis Xavier Marie Guillaume, einer der Söhne von Großherzog Henri, und sein jüngerer Bruder, Jean Félix Marie Guillaume.

Liechtenstein

Gäste aus dem benachbarten Ausland waren dabei, als sich Erbprinz Alois von und zu Liechtenstein und Herzogin Sophie in Bayern am 3. Juli 1993 in Vaduz die Hand zum Eheversprechen reichten. Es war sehr heiß, als ich in Vaduz zur Berichterstattung eintraf. Der damalige österreichische Bundespräsident Thomas Klestil war ebenfalls Hochzeitsgast. Als er die Treppe von der Kirche hinunterschritt, riefen ihm die Reporter und Fotografen zu: »Juan Carlos, bitte stehen bleiben!« Sie hatten den Bundespräsidenten mit dem spanischen König Juan Carlos verwechselt.

Die Ausbildung von Erbprinz Alois, dem Prinzregenten des Fürstentums Liechtenstein und Thronfolger, war fürstlich: Matura, Militärakademie, Studium der Rechtswissenschaften in Salzburg. Am 16. August 2004 übernahm er als amtsausführender Stellvertreter des Landesfürsten die Regierungsgeschäfte.

Erbprinz Alois und seine Familie leben sehr zurückgezogen auf Schloss Vaduz. Nur bei offiziellen Anlässen steht die Familie im Mittelpunkt.

Die Erb- und Thronfolge des Fürstentums wurde 1606 durch Familienvertrag geregelt. Es gilt die patrilineare Primogenitur-Erbfolge. Der jeweils männliche Erstgeborene der ältesten Linie ist Thronfolger, weibliche Nachkommen sind gänzlich von der Erbfolge ausgeschlossen. Der erstgeborene Sohn erwirbt durch seine Geburt für sich und seine männlichen Nachkommen das Nachfolgerecht. Erbprinz Alois somit für seine drei Söhne Joseph Wenzel Maximilian Maria (geboren 1995), Georg Antonius Constantin Maria (geboren 1999) und Nikolaus Sebastian Alexander Maria (geboren 2000).

Die einzige Tochter, Marie Caroline Elisabeth Immaculata (geboren 1996), geht, zumindest was die Thronfolge betrifft, leer aus.

Prinzregent des Fürstentums Liechtenstein und
Thronfolger Erbprinz Alois mit seiner Frau Sophie

Prinz Joseph Wenzel von und zu Liechtenstein: durch Geburt Nachfolgerecht für sich und seine männlichen Nachkommen

1993 erfolgte die Zusammenfassung der Hausgesetze in ein neues einheitliches Gesetz, das Hausgesetz des Fürstlichen Hauses Liechtenstein.

2019 feierte Liechtenstein sein 300-jähriges Bestehen. Im Rahmen der Feierlichkeiten erntete das Erfolgsmodell Liechtenstein viel Lob. Erbprinz Alois richtete seinen Blick nach vorn und sprach über die Zukunft des Fürstentums. Wie kann Liechtenstein auch in Zukunft ein Leben in Frieden, Freiheit und Wohlstand bieten? Ein Gourmet-Dinner ergänzte seinen Vortrag.

Dänemark

In Dänemark, einer der alten Monarchien Europas, herrschen seit Gorm dem Alten (vor 900–958) Könige. Aufgrund geschickter Heiratspolitik ist das Haus mit vielen europäischen Königshäusern verwandt.

Margrethe Alexandrine Thorhildur Ingrid, die älteste Tochter von König Frederik IX. von Dänemark und Königin Ingrid, kam am 16. April 1940 auf Schloss Amalienborg zur Welt. Nicht als Thronfolgerin, sondern nur als Prinzessin. Erst eine Änderung der Thronfolge machte sie am 26. März 1953 zur Kronprinzessin.

»Sie war ein Sonnenstrahl in einer dunklen Zeit«, sagte Mutter Ingrid über ihre Tochter.

Margrethe erhielt eine vielseitige Ausbildung. 1959 machte sie Matura und studierte danach in Kopenhagen, Aarhus, Cambridge, Paris und London Geschichte, Politik und Wirtschaft. Sie hat nie ein Hehl daraus gemacht, dass sie gern Archäologin geworden wäre – oder Künstlerin. Ihre Kostümentwürfe und Bühnenbilder sind ebenso bekannt wie ihre Gemälde, die selbst Kritiker schlichtweg begeistern.

Ihr Vater, Frederik IX., der im Alter von 72 Jahren an den Folgen einer Herzattacke starb, bestimmte sie zu seiner Nachfolgerin. Am 14. Jänner 1972 wurde Margrethe Königin.

Von 1953 bis 2009 richtete sich die dänische Thronfolge nach dem Thronfolgegesetz vom 27. März 1953. Am 7. Juni 2009 wurde mit einem Referendum die Gleichberechtigung von Männern und Frauen in der Thronfolge beschlossen. Uneheliche Kinder sind nicht thronfolgeberechtigt. Wer ohne königliche Zustimmung heiratet, verliert das Thronfolgerecht für sich selbst und seine Nachfahren.

Königin Margrethe II. hat zwei Schwestern, die keine thronfolgeberechtigten Nachkommen haben: Die Kinder von Prinzessin Benedikte wuchsen in Deutschland auf, daher wurden sie von König Frederik IX., ihrem Großvater, von der Thronfolge ausgeschlossen. Die zweite Schwester, Anne-Marie, heiratete den griechischen König Konstantin II. und wurde von der Thronfolge ausgeschlossen, um einen Zusammenfall der dänischen und griechischen Krone zu vermeiden, obwohl ein solcher Zusammenfall aufgrund Paragraf 5 der dänischen Verfassung möglich wäre.

Somit ist die Thronfolge auf die Nachfahren von Königin Margrethe beschränkt. Sofern die Linie der Monarchin aussterben sollte, hätte das dänische Parlament einen König zu wählen und eine neue Thronfolge zu beschließen.

Am 10. Juni 1967 heiratete Kronprinzessin Margrethe den französischen Grafen Henri de Monpezat (Prinz Henrik), die Dänen bekamen mit dem französischen Ehemann den ersten Prinzgemahl in der Geschichte. Mit ihm zusammen hat Margrethe zwei Söhne: Kronprinz Frederik und Prinz Joachim. Margrethe gab selbst zu: »Ich bin keine gute Mutter. Mit kleinen Kindern habe ich noch nie etwas anfangen können.«

Viele Dänen waren bestürzt, als sie im Buch *Eine Familie und ihre Königin* Geständnisse von Kronprinz Frederik nachlesen konnten. Dass der Thronfolger über viele Jahre unter Depressionen gelitten hatte und ihn sogar Selbstmordgedanken plagten, ließ die beliebte Königin in einem schlechten Licht erscheinen. »Die Pflichten als Königin sind mir wichtiger gewesen. Auch habe ich nach der Thronbesteigung meinen Mann vernachlässigt.«

Eigenwillig ist sie bis heute. Die Kettenraucherin denkt gar nicht daran, mit dem Rauchen aufzuhören, und sie kann nicht kochen. Als eine dänische Zeitung an die Monarchin appellierte, wegen ihrer Vorbildwirkung in der Öffentlichkeit weniger zu rauchen, antwortet sie lapidar: »Ich rauche nur dort, wo ein Aschenbecher steht.« Dass man Ihrer Majestät auf Schritt und Tritt überall Aschenbecher aufstellt, daran hat sie wohl nicht gedacht.

Die Königin gilt als starke Frau, meinte jedoch in einem persönlichen Interview mit mir: »Ich mag die Bezeichnung ›starke

Königin Margrethe II. von Dänemark, geboren 1940: »Sie war ein Sonnenstrahl in einer dunklen Zeit.«

Frau‹ für mich nicht. Ich verbinde damit ›Strenge‹. Das ist für mich unvorstellbar: ich und stark. Das passt nicht zu mir. Wenn Sie politisch stark meinen, damit habe ich Gott sei Dank in meiner Position als Königin gar nichts zu tun.«

Auf die Frage, ob sie denn so einiges vermisse, seit sie Monarchin sei, antwortete sie: »Es ist schade, dass ich nicht mehr Skifahren und Balletttanzen kann.«

Margrethe ist eine Königin mit vielen Gesichtern, eine moderne Monarchin. Ihr Wahlspruch lautet:»Guds hjælp, folkets kærlighed, Danmarks styrke« (Gottes Hilfe, Volkes Liebe, Dänemarks Stärke). Die Dänen haben ein Wortspiel, das einst auf die britische Krone bezogen wurde, auf ihre Regentin übertragen: Wenn einmal alle Königinnen abgeschafft sind, dann gibt es trotzdem noch fünf auf dieser Welt: die in den Farben Kreuz, Pik, Herz und Karo – und die Königin von Dänemark.

Auf das hohe Ansehen angesprochen, das die dänische Monarchie in der Bevölkerung genießt, meinte die Monarchin:»Wichtig ist das gegenseitige Vertrauen. Das ist sehr, sehr wichtig für mich. Wenn man das gegenseitige Vertrauen verliert, dann verliert man viel mehr als Vertrauen, man verliert die Basis, die die Menschen zusammenhält, das gilt auch im eigenen Land oder zwischen den Nationen.« Ein weiterer Grund für jenes hohe Ansehen ist die skandalfreie und bescheidene Art, die im Haus Tradition hat. Die Königsfamilie legt Wert darauf, sich als ganz gewöhnliche dänische Familie zu präsentieren.

Von Geburt an wurde Kronprinz Frederik von Dänemark auf seine künftige Rolle als König vorbereitet. Seine Abenteuerlust kennt keine Grenzen, nur schwer kommt er mit der Kälte des Hofprotokolls zurecht. Frederik fürchtet seine künftige Rolle als König.»In keinem Buch steht, wie das Königsein geht!«, stöhnte er. Als König möchte er gerne ein guter Botschafter seines Landes sein.

Frederik, der zukünftige König Frederik X. und ältere der beiden Söhne von Margrethe, heiratete 2004 die Australierin Mary Donaldson. Am 15. Oktober 2005 erblickte Thronfolger Christian Valdemar Henri John in Kopenhagen das Licht der Welt,

zwei Jahre später wurde Prinzessin Isabella Henrietta Ingrid Margrethe geboren, am 8. Jänner 2011 die Zwillinge Josephine und Vincent.

Thronfolger Frederik und seine Frau Mary sind sehr beliebt beim Volk (Prinz Henrik starb 2018).

Ab dem 6. Jänner 2020 sollten die vier Kinder drei Monate die Lemania-Verbier International School in Verbier im Schweizer Kanton Wallis besuchen. Verbier kennt die Familie gut, verbringt sie doch hier regelmäßig ihre Skiferien. Das Kronprinzenpaar wollte den Kindern die »Möglichkeit einer gemeinsamen Erfahrung in einem internationalen Umfeld« bieten, ließ es per Instagram wissen. Die Hauptunterrichtssprachen an der Schule sind Französisch und Englisch, Sprachkurse in Russisch und Chinesisch werden ebenfalls angeboten. Auf der Website der Schule ist zu lesen: »Der Schwerpunkt der Schulphilosophie liegt auf kritischem Denken, Kreativität und Leistung. Akademische Exzellenz ist sehr hoch angesehen, während der Dienst an der Gemeinschaft, Sport und Kunst genauso zum ausgewogenen Bildungsziel der Schule gehören. Jeder Schüler wird darin bestärkt, eine starke Führungspersönlichkeit zu entwickeln.« Nach dem Unterricht kann man ein intensives Ski-Trainingsprogramm nützen, auf dem Programm stehen auch Aktivitäten wie Eislaufen, Klettern, Tennis, Golf, Fußball oder Leichtathletik.

Kronprinzessin Mary übersiedelte mit ihren Kindern in die Schweiz, Prinz Frederik plante, bei der Familie zu sein, so es seine Termine zulassen würden. Das Schulgeld für Tagesschüler der Lemania-Verbier International School beträgt zwischen 23 880 und 36 500 Schweizer Franken, für Internatsschüler zwischen 39 500 und 49 500 Schweizer Franken.

Prinz Christian von Dänemark: Der Ernst des Lebens kann noch warten.

Aufgrund der Coronavirus-Pandemie musste die Familie ihre Pläne kurzfristig ändern. Mary von Dänemark und ihre Kinder verließen vorzeitig am 12. März die Schweiz. Die vier Geschwister besuchen nun wieder die Tranegård-Schule in Hellerup in der dänischen Gemeinde Gentofte.

Prinz Christian von Dänemark wird als künftiger Regent keinen Einfluss auf die Tagespolitik nehmen.

Bei ihrer Neujahrsansprache 2020 verriet Königin Margrethe II., dass Prinz Christian im Laufe des Jahres konfirmiert werde. Die Zeremonie soll in der Kapelle von Schloss Fredensborg stattfinden. Als Gäste darf man einige Royals erwarten, immerhin zählen zu Christians Taufpaten Kronprinz Haakon und Kronprinzessin Mette-Marit von Norwegen, Kronprinzessin Victoria von Schweden und Kronprinz Paul von Griechenland. Auch Prinzessin Ingrid Alexandra von Norwegen wird erwartet. Der

15-jährige Christian war 2019 bei ihrer Konfirmation unter den Gästen. Die zukünftigen Regenten verbindet ein starkes Band.

Auf Christian zu Dänemark, den zukünftigen König, wartet eine Reihe offizieller Aufgaben. Jedes Gesetz bedarf seiner Unterschrift, um Gültigkeit zu erlangen – allerdings muss es jeweils von einem Minister gegengezeichnet werden. Der König ernennt und entlässt nach Maßgabe der parlamentarischen Mehrheiten den Regierungschef. Er wird vom Ministerpräsidenten und vom Außenminister regelmäßig über die aktuelle politische Lage informiert. Der König nimmt jedoch keinen Einfluss auf die Tagespolitik und bezieht niemals öffentlich Stellung zu politischen Fragen. Zu den repräsentativen Pflichten gehören Staatsbesuche im Ausland ebenso wie der Empfang von Staatsoberhäuptern in Dänemark.

Prinz Christian zu Dänemark, Prinz George von Cambridge, Erbgroßherzog Guillaume Jean von Luxemburg, der wahrscheinliche zukünftige Thronerbe des Fürstentums Liechtenstein, Prinz Joseph Wenzel Maria von und zu Liechtenstein und Prinz Jacques von Monaco sehen sich als künftige Regenten fünf Regentinnen der Zukunft gegenüber, die die klassische Außenseiterrolle klar abgelegt haben: Elisabeth von Belgien, Catharina-Amalia der Niederlande, Ingrid Alexandra von Norwegen, Estelle von Schweden und Leonor von Spanien.

Alles Schöne sei weiblich

Auch wenn den Adeligen das Regieren längst abhandengekommen ist, hat der Adel an sich nichts von seiner Faszination verloren. »Demokratie ist immer glanzlos. Alles ist funktional, anonym und muss klappen. Genau deshalb gibt es eine tiefe Sehnsucht nach Glanz, Fest, Verzauberung und üppigem Dekor«, erläutert die Wiener Motivforscherin Helene Karmasin.

Die Thronfolger Willem-Alexander der Niederlande, Felipe VI. von Spanien und Philippe von Belgien haben bereits das Zepter übernommen, und auch in allen anderen europäischen Königshäusern steht die kommende Generation in den Startlöchern, um den Thron zu besteigen. Noch ist Kronprinzessin Victoria von Schweden die einzige Frau innerhalb der Monarchen-Generation der allernächsten Zukunft. Und dass Victoria überhaupt Königin werden darf, verdankt sie einer Änderung des Thronfolgegesetzes. Bis zum Jahr 1980 waren nämlich nur männliche Nachfahren nachfolgeberechtigt. Nach fast 400 Jahren wird Victoria die erste Regentin ihres Landes sein. Ihr Vater König Carl Gustaf denkt derzeit allerdings nicht ans Abdanken. Der Stockholmer Hof verkündete: »So etwas ist nicht aktuell.«

Künftige Königinnen haben alle eine Hauptaufgabe zu erfüllen: die Erhaltung der Dynastie. Der Nachwuchsplanung kommt eine besondere Bedeutung zu, heute wie damals. Laut Georg Markus »war eigentlich die größte Sorge jeder Dynastie, dass es eines Tages keinen Thronfolger, keine Kinder gibt, denn damit wäre die Dynastie ausgestorben. Ein besonderes Problem war das bei Erzherzogin Sophie und Erzherzog Franz Karl, den späteren Eltern von Kaiser Franz Joseph. Nach sechs Ehejahren stellte sich noch immer kein Nachwuchs ein. Erzherzogin Sophie wandte sich daraufhin an den berühmten Arzt Dr. Franz Wirer, der die heilkräftige Wirkung des Salzes in Bad Ischl entdeckt hatte. Er riet ihr, es mit Heilsalz zu versuchen. Nachdem sie eine sogenannte Sole-Kur gemacht hatte, kam tatsächlich im Jahr darauf, im August 1830, der erste Sohn, Franz Joseph, zur Welt. In den folgenden Jahren machte sie weitere Sole-Kuren und brachte vier weitere Söhne zur Welt, vier Jahre hintereinander. Man nannte diese Kinder auch die Salzprinzen.«

Nachwuchssorgen kennen Europas Adelige derzeit nicht. Von Norwegen bis Monaco stehen die Thronanwärter und vor allem Thronanwärterinnen bereit, stecken teilweise aber noch in den Kinderschuhen. Monarchinnen machten sich in der Vergangenheit rar, regierende Frauen gab es äußerst selten. In zumindest absehbarer Zukunft wird der Thron jedoch vermehrt den Frauen gehören.

Nach der Kaiserin ist die Königin die höchste monarchische Würdenträgerin eines Staates, eines Königreiches. Sie ist im übertragenen Sinn die Erste, die Beste, die Schönste ihrer Art. »Eine Königin hat immer etwas mit Schönheit zu tun«, weiß Motivforscherin Helene Karmasin. »Das Gebiet der Königinnen ist jenes der Schönheit, nicht das der Macht. Es heißt: die Königin der Blumen. Man kann nicht sagen: der König der Blumen. Daran sieht man eigentlich schon, dass Königinnen traditionellerweise repräsentieren, begrüßen, eröffnen, dass sie Gastgeberinnen sind, die Landesseele verkörpern oder für einen ganz spezifischen Lebensstil eines Landes stehen.«

Kaiser, König, Edelmann

Kein Adelstitel ist so alt wie der Titel »König«. Er steht nur einem regierenden Souverän zu. Um ihre Machtposition zu festigen, versuchen die Könige seit jeher, den Adel durch Schenkungen und Privilegien zur Treue zu verpflichten.

Doch wie wird man König? Die Machtverhältnisse in Europa waren geprägt durch eine juristische Eigentümlichkeit. An der Spitze etwa der germanischen Stämme standen Anführer, die ihre Herrscherwürde weitervererben konnten. Ein König jedoch musste in seinem Amt zuerst durch hohe Würdenträger, Fürsten (die Ersten), bestätigt werden. Der »Gewählte« konnte nur so lange walten und schalten, wie er in der Gunst seiner verbündeten Fürsten stand. Auch in England und Frankreich war der König von der Zustimmung hoher Würdenträger abhängig.

Jahrhundertelang waren Könige, die von Gott Gesalbten, mit dem göttlichen Recht ausgestattet, über das Volk zu herrschen. Doch das hat sich geändert. Motivforscherin Helene Karmasin: »Sie haben keinerlei politische oder symbolische Macht nach traditioneller Auffassung mehr. Im Rahmen von Demokratien vererben sie die von ihnen besetzten Posten. Man müsste meinen, dass sie großes Interesse daran haben müssten, dass irgendeines ihrer Kinder den Rest an verbliebener Macht übernimmt. Traditionellerweise ist das aber nicht so. Sobald es um politische und symbolische Macht geht, wie man es in Japan sehen kann, muss es ein Mann sein. Hier findet man fast bis in die Gegenwart die traditionelle Geschlechterauffassung, Frauen seien defekte Männer, Männer dagegen zum Regieren geboren, weil politisch gesinnt und durchsetzungsfähig, während Frauen die Spezialisten für das Schöne, für das Emotionale sind. Die Auffassung, Frauen seien eigentlich defekte Männer wird mitunter sogar mit anatomischen Theorien begründet. Daher muss es immer der Sohn sein, der die Macht übernimmt, mit allen damit verbundenen Tragödien.«

Die Titel »Katholischer König« und »Katholische Königin« werden vom Papst als Oberhaupt der römisch-katholischen Kirche an Monarchen verliehen, die in den Augen der Kirche sowohl durch ihre Politik als auch im Privatleben die katholischen Prinzipien zum Ausdruck bringen. Der Titel ist erblich und geht auf die Nachfolger desjenigen über, der den Titel dereinst persönlich erhalten hat.

So wurden Isabella I. von Kastilien und Ferdinand II. von Aragón (beide Königreiche sind heute ein Teil Spaniens) mit diesem Titel ausgezeichnet. Jeder spanische König führt laut spanischer Verfassung den Titel »Seine Katholische Majestät« (»Su Majestad Católica«).

Ein besonderes Recht katholischer Königinnen und Prinzessinnen ist das »Privilège du blanc«. Ihnen und nur ihnen ist es gestattet, weiße Kleider und Mantillen bei der Papstaudienz und bei den Heiligen Messen zur Amtseinführung eines Papstes zu tragen. Neben Königin Letizia von Spanien steht das auch Fürstin Charlène von Monaco und der Großherzogin Maria Teresa von Luxemburg zu.

Die Verfassung der Niederlande kennt zwar die weibliche Thronfolge, hat aber keinen Begriff dafür. Den Titel »Königin« gibt es nicht. Egal ob Mann oder Frau, der Titel lautet »Koning«.

Heiratet ein König, wird seine Frau automatisch Königin, wie etwa in Belgien. Mathilde trägt den Titel »Königin«, einen reinen Ehrentitel, der nicht in der Verfassung vorkommt. Der Ehemann einer Königin avanciert dagegen zum Prinzgemahl. Eine uralte Regelung besagt, dass die Frau in die Familie des Mannes einheiratet, der Mann aber nicht in die Familie der Frau. Eine Frau, die einen König heiratet, geht also in seiner Familie auf und darf sich Königin nennen. Ein Mann, der eine Königin heiratet, wird dagegen nicht Teil ihrer Familie und darf sich somit auch nicht König nennen.

In England, Dänemark und den Niederlanden hatten und haben Frauen in der jüngeren Geschichte das Zepter in der Hand: Elizabeth, Margrethe und Beatrix. Ihre angeheirateten, zum Teil inzwischen verstorbenen Männer (Philip, Henrik und Claus) sind beziehungsweise waren nur Prinzen.

Anfänglich spielte Prinz Henrik von Dänemark (1934–2018) seine Rolle an der Seite von Königin Margrethe perfekt. Doch plötzlich, Jahrzehnte nach der Hochzeit, wurde der Prinzgemahl aufmüpfig. Es krachte im ehelichen Gebälk am dänischen Königshof. Prinz Henrik wollte lieber König Henrik heißen und mokierte sich: »Die Frau eines Königs wird immer Königin genannt. Aber bei einer regierenden Königin wird der Ehemann nicht per Heirat König. Dieser eingebaute Mangel an Gleichberechtigung ist für mich persönlich traumatisch.«

Im Jahr 2002 weigerte sich Henrik, an der Hochzeit von Kronprinz Willem-Alexander in den Niederlanden teilzunehmen. Schmollend zog er sich auf sein Weingut in Frankreich zurück und ließ seine Frau sowie den Kronprinzen allein zu den Feierlichkeiten reisen.

In einem Zeitungsinterview erklärte er: »Ich fühle mich in der royalen Hierarchie durch meinen Sohn zur Nummer drei degradiert und gedemütigt.« Königin Margrethe II. und Kronprinz Frederik reisten daraufhin Hals über Kopf von der niederländischen

Thronfolger-Hochzeit nach Südfrankreich zu »klärenden Gesprächen«. Hand in Hand und mit einem Lächeln auf den Lippen traten Prinz Henrik und Königin Margrethe schließlich Gerüchten über eine Krise am Hof entgegen.

Im Sommer 2017 überraschte Henrik alle mit seiner Entscheidung, nicht neben Königin Margrethe, seiner Ehefrau, im Dom zu Roskilde begraben werden zu wollen. »Wenn sie will, dass wir zusammen begraben werden, muss sie mich zum Königinnengemahl machen. Fertig«, sagte er damals in einem Interview mit der dänischen Zeitung *Se og Hør*. Mit dem Titel »Prinzgemahl« war er nie zufrieden, 2016 hatte er ihn abgelegt.

Am 13. Februar 2018 starb Prinz Henrik. Die Trauerfeier eine Woche später fand nur im engsten Familienkreis statt, es gab kein Staatsbegräbnis. Der Prinz habe sich gewünscht, nach seinem Tod verbrannt zu werden, sagte eine Sprecherin des Königshauses.

Die Asche wurde aufgeteilt: Eine Hälfte verstreute man auf dem Meer, die andere Hälfte ruht in einer Urne im privaten Garten von Schloss Fredensborg nördlich von Kopenhagen.

Eine heikle Angelegenheit in puncto Titel kommt auf das britische Königshaus zu. Wenn der Privatsekretär von Queen Elizabeth II. über eine gesicherte Telefonleitung den Premierminister von Großbritannien dereinst mit den vier Codewörtern »London Bridge is down« über das Ableben der Monarchin informieren wird, folgt Charles als König nach. An eine Abdankung der Queen ist, wie bereits erwähnt, nicht zu denken.

Als ich einmal den früheren Pressesprecher der Queen, Dickie Arbiter, anlässlich eines Interviews gefragt habe, ob er glaube, dass die Queen abdanken werde, riss er beide Arme nach oben und sagte voller Entsetzen: »Oh, Lisbeth, stellen Sie diese Frage nie mehr – außer Sie wollen im Tower landen!«

Auch wenn der britische Journalist Robert Jobson in einem Gastbeitrag für die britische Tageszeitung *Daily Mail* bereits jetzt von Charles als einem »Schattenkönig« spricht, steht er doch für das Königshaus im Dauereinsatz. Besteigt er nach dem Tod von Queen Elizabeth den Thron, wird er Camilla zur Königin machen. Und das, obwohl es bei der Heirat von Charles und Camilla 2005 anders verlautbart wurde. »Es ist angedacht, dass Mrs. Parker Bowles den Titel ›Ihre Königliche Hoheit Prinzgemahlin Camilla‹ tragen wird.« Das entscheidende Wort sei »angedacht«, erklärt Jobson. Damit hat sich der Palast mehr Zeit gegeben. Die Wogen rund um Camilla sollten sich in Ruhe glätten. Denn die Briten wollten nicht, dass die einstige Geliebte und Gegnerin von Diana den Titel einer Königin tragen werde. Das oben angeführte Statement fand sich auch auf der offiziellen Website von Prinz Charles, wurde mittlerweile jedoch gelöscht.

Ein Sprecher von Clarence House, der offiziellen Residenz von Charles, erklärte, die Information sei lediglich deswegen gelöscht worden, weil dieses Thema die Menschen nicht mehr interessieren würde. Eine etwas seltsame Erklärung.

Die Biografin von Charles, Sally Bedell Smith, hat sich mit der Titelfrage rund um Camilla ausführlich beschäftigt und meint: »Camilla trägt auch den Titel der ›Princess of Wales‹, verwendet ihn aber nicht, da dieser immer noch stark mit Diana assoziiert wird. Offiziell führt sie nun als ersten Titel den einer ›Duchess of Cornwall‹, in Schottland den ranghöchsten schottischen Titel einer ›Duchess of Rothesay‹. Inzwischen gilt Camilla als bestens im britischen Königshaus integriert, und auch das Volk hat die 72-Jährige akzeptiert. Ich bin mir sicher, dass Charles eine Königin an seiner Seite sehen will.«

Auch Herzogin Catherine wird nicht automatisch zur Königin gekrönt, sollte ihr Ehemann Prinz William einmal König werden. Die Duchess of Cambridge würde in den Stand der »Queen Consort« erhoben werden. »Consort« bezeichnet im Englischen den Ehepartner eines regierenden Monarchen und wird mit »Königsgemahlin« übersetzt. Als Ehefrau des Königs wird Catherine gleichzeitig auch Untertanin bleiben und einen niedrigeren Rang besitzen.

Auf der Website des britischen Königshauses heißt es dazu: »Sofern nicht anders entschieden, wird die Königsgemahlin in einer ähnlichen, aber einfacheren Zeremonie zusammen mit dem König gekrönt.«

Und wer muss vor wem knicksen? Hier lauern die Tücken des Protokolls. Denn auch wenn Kate Middleton einen Prinzen geheiratet hat, wird aus ihr nicht automatisch eine Prinzessin. Sie trägt traditionell den Titel »Her Royal Highness, Princess William of Wales«. Der Grund ist schnell erklärt: In ihren Adern fließt kein blaues Blut. Nur ein Edikt der Queen könnte aus Kate eine Princess Catherine machen. Doch selbst ihren eigenen Ehemann Philip erhob die Queen erst fünf Jahre nach ihrer Thronbesteigung vom Stand eines Herzogs von Edinburgh zum Prince of the United Kingdom.

Prinzessinnen am britischen Königshof existieren nur innerhalb der königlichen Familie. So ist Anne, die Tochter der Queen, eine Princess, genauso wie die Töchter von Prinz Andrew, Beatrice und Eugenie. Daher war auch Diana nie Princess Diana, sondern Diana, Princess of Wales.

Wer nun den Hofknicks machen muss, ist klar geregelt. Sind die Ehemänner anwesend, übernehmen die Damen den Rang ihres Mannes, das heißt, Catherine muss vor Camilla als Ehefrau des Thronfolgers knicksen, Töchter und Enkelinnen der Queen müssen vor den bürgerlichen Angetrauten in die Knie gehen. Vor der Queen müssen sie alle knicksen.

Seit 2005 bleibt Princess Anne und anderen königlichen Geblüts die Knickserei vor Nichtblaublütigen erspart. Damals erließ die Queen das Edikt »Über den Vorrang der königlichen Familie, der am Hofe einzuhalten ist«. Sehr wahrscheinlich sollte ihrer Tochter Anne die Schmach erspart bleiben, sich hinter Camilla einreihen zu müssen, nur weil diese 2005 Thronfolger Charles geheiratet hat.

Protokoll-Sperenzchen nimmt auch die jüngere Generation sehr ernst, wissen Palast-Insider. Von Prinz William heißt es, dass er schon zu Kindergartenzeiten einen Pfiff ausstieß, wenn sein eigener Bruder Harry im Überschwang vordrängelte. Doch dem Vernehmen nach ist es bis heute noch zu keinen Rangeleien gekommen.

Kronprinzessin Elisabeth von Belgien

Mit 101 Kanonenschlägen feierten die Belgier am 26. Oktober 2001 die Geburt von Elisabeth Thérèse Marie Hélène, der Tochter des Kronprinzenpaares Mathilde und Philippe. Belgien kann sich damit erstmals seit 170 Jahren Monarchie auf eine Königin freuen. Elisabeth stand bei ihrer Geburt auf Platz zwei der Thronfolge hinter ihrem Vater Philippe. Und der trat stolz vor die Presse: »Ich habe sie gerade zum ersten Mal gebadet, und ich muss sagen, es hat mir großen Spaß gemacht. Ich war die ganze Zeit während der Geburt bei meiner Frau im Kreißsaal. Es war keine leichte Geburt: Die Ärzte mussten wegen einer Steißlage des Babys einen Kaiserschnitt machen. Probleme gab es auch mit der Nabelschnur, die sich zwei Mal um den Hals des Kindes gewickelt hatte. Ich als Jagdpilot bin ganz ruhig geblieben. Aber der Kaiserschnitt war nicht ganz ohne. Ich bin sehr stolz auf meine Tochter. Sie ist wirklich sehr reizend, hat blonde Haare, ein etwas rundliches Gesicht. Sie ist eine richtige kleine Dame. Elisabeth wiegt 2950 Gramm und ist 49 Zentimeter groß. Meine Frau und unsere Tochter werden noch etwa fünf Tage im Krankenhaus bleiben.«

Für die Belgier, die via Radiomeldung vom Nachwuchs im Königshaus informiert wurden, war die Geburt etwas ganz Besonderes. Zeitungen wie *Het Laatste Nieuws* widmeten dem Ereignis die ganze erste Seite ihrer Ausgaben. Auch der damalige österreichische Bundespräsident Thomas Klestil gratulierte den jungen Eltern und schickte »herzliche Glückwünsche im Namen des österreichischen Volkes«, wie die APA mitteilte.

101 Kanonenschläge zur Geburt von Prinzessin Elisabeth Thérèse Marie Hélène von Belgien am 26. Oktober 2001

Elisabeth Thérèse Marie Hélène – die Vornamen der Thronfolgerin spiegeln nicht nur die Vornamen der königlichen Verwandtschaft, sondern auch die drei Amtssprachen des Landes: Flämisch, Französisch und Deutsch. In dem vom dauernden Sprachenstreit geprägten Land ist das ein politisch wichtiges Detail.

Für das Protokoll der stark katholisch geprägten belgischen Monarchie ungewöhnlich war die Wahl des Erasmus-Krankenhauses, das zur Freien Universität der Stadt gehört und nicht konfessionell gebunden ist. Vor allem junge Belgier sehen darin einen Beweis dafür, dass sich das Königshaus weiter öffnen und »alte Zöpfe« abschneiden will.

Taufzeremonie nach ganz genauen Riten

Elisabeth wurde am 9. Dezember, zweieinhalb Monate nach ihrer Geburt, in der Schlosskirche von Ciergnon getauft. Den Namen Elisabeth trägt sie nach der beliebten Königin Elisabeth von Belgien, der Ehefrau des belgischen Königs Albert I., der von 1909 bis 1934 regierte, ihrer Ururgroßmutter.

Ihre Taufpaten sind Cousin Erzherzog Amedeo von Österreich-Este, Prinz von Belgien, und ihre Tante Komtess Hélène d'Udekem d'Acoz. Die Patentante beziehungsweise der Patenonkel begleiteten den Täufling bei der Taufe und bezeugten das Spenden des Sakraments. Bei der Taufzeremonie wird das Neugeborene als Angehöriger der Dynastie vorgestellt. Und das wird stets lustvoll praktiziert.

Nicht nur der Taufschmaus ist in royalen Kreisen üppig, sondern eben auch die Anzahl der Taufpaten. Angehörige verwandter Fürstenhäuser anderer Staaten sollten in früherer Zeit der Verbesserung der politischen Beziehungen dienen, aber ebenso den familiären Zusammenhalt stärken – und das gilt bis heute.

Im 18. und 19. Jahrhundert gewann das bis dahin christliche Amt der Paten zum ersten Mal weltliche Züge: Der Adel (und auch das Bürgertum) wählte die Taufpaten seiner Kinder immer häufiger nach strategischen Gesichtspunkten. Der ideale Taufpate war nicht mehr gläubig allein, sondern dazu reich und bedeutend. Netzwerke wurden so geknüpft, dass sie in erster Linie nicht dem Täufling, sondern dessen Eltern zunutze kamen. Nur dem Adel ist es vorbehalten, mehr als zwei Taufpaten für ein Kind zu bestimmen.

Inzwischen hat das Kronprinzenpaar Mathilde und Philippe vier Kinder, dadurch ist die Thronfolge gleich mehrmals abgesichert.

Elisabeths Großvater, der widerwillige Monarch

Als König Baudouin am 31. Juli 1993 im Alter von 62 Jahren überraschend früh und ohne Kinder zu hinterlassen starb, musste sein Bruder Albert die Nachfolge antreten. Ungern übernahm dieser den Thron. Viel lieber hätte er seinen Sohn Philippe als König gesehen. Doch der wurde als zu unerfahren eingestuft.

Während seiner Amtszeit wuchs Albert II., König der Flamen und Wallonen in Belgien, an seiner Aufgabe. Als eine seiner größten Leistungen gilt seine Rolle in der Staatskrise nach den Wahlen im Jahr 2010. Der Monarch spielte dabei eine entscheidende politische Rolle. Er war ein steter Vermittler und erteilte Politikern Aufträge zur Krisenbewältigung. Eineinhalb Jahre dauerte es, bis eine neue Regierung gefunden wurde. Durch sein Vorgehen verschaffte sich König Albert II. Respekt.

Am 21. Juli 2013 dankte er ab und verabschiedete sich mit folgenden Worten: »Meine Damen und Herren, in unserem Herzen bewahren wir Erinnerungen zahlreicher sehr glücklicher Momente, aber auch sehr schwerer Prüfungen. Das Ende meiner Regierungszeit bedeutet natürlich nicht, dass sich unsere Wege trennen. Ganz im Gegenteil! Es lebe Belgien! Vive la Belgique!« Auf dem Thron folgte ihm sein ältester Sohn Philippe nach.

Thronfolgerin seit Geburt

Nach König Albert und dessen Sohn Philippe kommt etwas ganz Neues auf die Belgier zu: eine Königin – die 2001 geborene Kronprinzessin Elisabeth. Das Parlament hat die Verfassung 1991 dem Gleichberechtigungsgrundsatz angepasst und die ausschließ-

Drei Generationen: Albert, König von Belgien, Philippe, König der Belgier, und Thronfolgerin Elisabeth

lich männliche Thronfolge abgeschafft. Die belgische Thronfolge bestimmt sich nach den Artikeln 85 bis 87 der Verfassung von 1994. Diese entsprechen den Artikeln 60 bis 62 der Verfassung von 1831, von denen die Artikel 60 und 61 mit Wirkung vom 20./21. Juli 1991 wesentlich neu gefasst wurden.

Die Thronfolgeregelung von 1991 besagt: Erbberechtigt sind die unmittelbaren, natürlichen (also nicht adoptierten) und legitimen (also nicht unehelichen) Nachfahren König Leopolds I. nach dem Erstgeburtsrecht. Von der Thronfolge ausgeschlossen wird, wer ohne Genehmigung des Königs oder Regenten die Ehe schließt. Dem König steht diesbezüglich jedoch ein Gnadenrecht zu, allerdings nur mit der Genehmigung beider Parlamentskammern.

Die neuen Thronfolgeregelungen gelten aufgrund des Übergangsrechtes nur für die Nachfahren König Alberts II. Für Nachfahren Leopolds I., welche nicht Nachfahren Alberts II. sind, gilt weiterhin die alte Thronfolgeregelung von 1893. Hiernach war nur die männliche Linie erbberechtigt; Frauen und deren Abkömmlinge waren immerwährend von der Thronfolge ausgeschlossen.

Damit ist die Thronfolge faktisch auf die Nachfahren König Alberts II. beschränkt und unterliegt ausschließlich dem Recht der Erstgeburt. Sofern es keine Nachfahren König Leopolds I. oder Alberts II. gibt, kann der König mit doppelt qualifizierter Zustimmung beider Parlamentskammern einen Thronerben ernennen. Ist keine gültige Ernennung erfolgt, wird der Thron vakant. In diesem Falle bestimmen beide Parlamentskammern in gemeinsamer Sitzung binnen zwei Monaten nach ihrer vollständigen Neuwahl einen neuen König. Ein Vorrecht bestimmter verwandtschaftlicher Nebenlinien – die nächste wären die Großherzöge von Luxemburg – besteht hierbei nicht.

Der Thronfolger führt traditionell den Titel eines Herzogs von Brabant. So auch Elisabeth, die Herzogin von Brabant. Seit ihr Vater den Thron innehat, trägt Elisabeth als Kronprinzessin diesen Titel.

Lebe, um zu lernen. Lerne, um zu leben

Auf die zukünftige Königin der Belgier wartet ein hartes Ausbildungsprogramm. 2004 wurde sie am niederländischsprachigen Brüsseler Sint-Jan Berchmanscollege eingeschult. Eine Besonderheit, war es doch das erste Mal, dass ein zukünftiger belgischer Monarch beziehungsweise eine Monarchin die Schulbildung in niederländischer Sprache begann.

»Königinnen müssen allen gerecht werden«, schaudert es Historikerin Martina Winkelhofer. »Einerseits ihrer eigenen Position, das heißt, sie müssen ein Haus mit einer langen Geschichte repräsentieren. Sie müssen aber gleichzeitig den modernen Menschen von heute gerecht werden, man will sich ja widerspiegeln in den Königinnen. Und sie müssen den Marketingstrategen gerecht werden, die zum Teil die Linien vorgeben, wie heute eine Königin zu sein hat. Ein Anspruch, der unglaublich schwer zu leben ist.«

Inzwischen ist es zum Ritual geworden. Vater Philippe und Mutter Mathilde begleiten ihre Kinder immer persönlich an ihrem ersten Schultag. Bei ihrer Ausbildung wird auf Sprachen Wert gelegt. Elisabeth spricht neben den drei belgischen Landessprachen Niederländisch, Französisch und Deutsch auch Englisch. Sie zeichnet gern, ist eine Leseratte, spielt Klavier und nimmt Tanzunterricht an der Städtischen Musikakademie in Asse, in Flämisch-Brabant. Genau wie ihre Geschwister ist sie sehr sportlich, spielt Tennis, schwimmt, fährt Ski und segelt.

Für ihren internationalen Schulabschluss wechselte Elisabeth im August 2018 an das renommierte United World College of the Atlantic in Wales, das sie am 23. Mai 2020 mit der Matura abgeschlossen hat. Am 31. August 2020 trat sie dem Königlichen Militär (ERM) bei, um dort eine einjährige Ausbildung in Sozial- und Militärwissenschaften zu absolvieren. Die Herzogin von Brabant folgte damit einer langen Tradition der königlichen Familie.

Am Freitag, dem 25. Oktober 2019, feierte die belgische Thronfolgerin ihren 18. Geburtstag. Ein besonderer Tag. Sie wurde volljährig und rückte somit in den Fokus der royalen Berichterstattung. Mit einer feierlichen Zeremonie im Königlichen Palast in Brüssel beging das Königshaus diesen Geburtstag. Seit diesem Zeitpunkt hat sie ein Anrecht auf eine staatliche Zuwendung von rund 2500 Euro täglich. Davon muss sie zum Beispiel ihr eigenes Personal bezahlen. Doch sie verzichtete – auch auf Wunsch ihrer Eltern – vorerst auf die ihr zustehende monatliche Apanage von rund 75 000 Euro. Mathilde und Philippe wollen, dass Elisabeth erst mal in Ruhe ihr Studium in Wales absolviert, die öffentlichen Verpflichtungen für Krone und Regierung sollen noch Nachrang haben. Royale Pflichten wären die Gegenleistung für die Apanage.

Als Älteste von vier Geschwistern steht Elisabeth unter besonderer Beobachtung. In ihrer etwas biederen und unscheinbaren Familie, allen voran Mutter Mathilde und Vater Philippe, ist sie eine spannende Erscheinung.

Die Skandale der Vergangenheit werden Elisabeth begleiten

Die einstige Traumehe des belgischen Prinzen Albert II. mit der schönen Paola wurde Mitte der 1960er-Jahre für Paola zum Alptraum. Ihr Mann ging fremd – mit der belgischen Adeligen Sybille de Sélys de Longchamps. 18 Jahre dauerte die außereheliche Liaison, die nicht ohne Folgen blieb. Doch öffentlich wurde darüber nicht diskutiert.

Es war schließlich der 18-jährige Student Mario Danneels, der dieses Familiengeheimnis 1999 in seiner 300 Seiten umfassenden unautorisierten Biografie über Königin Paola mit dem Titel *Queen Paola* verriet: König Albert II. hat eine uneheliche Tochter: Delphine Boël, eine in London lebende Künstlerin, die Pappmaschee-Skulpturen fertigt. Danneels nannte zwar nicht den Familiennamen, doch den identifizierten britische Journalisten sofort. Die Zeitung *La Meuse* titelte: »Das letzte Symbol eines geeinten Belgien versinkt in Betttüchern.«

Albert, der Delphine als Kind regelmäßig sah, wenn er ihre Mutter besuchte, hatte sie zu diesem Zeitpunkt offiziell noch immer nicht als seine Tochter anerkannt, in einer Ansprache jedoch einmal zugegeben, dass sich seine Ehe mit Gattin Paola zum Zeugungszeitpunkt in einer Krise befand. Die kleine Delphine gab ihm den Kosenamen »Papillon«.

Viele Jahre dauerte die Auseinandersetzung Alberts mit der Künstlerin, die die Anerkennung der Vaterschaft erreichen wollte. 2019 stimmte er einem Vaterschaftstest zu, verbunden mit der Bedingung, dass das Ergebnis nicht veröffentlicht werden dürfe. Am 27. Jänner 2020 dann der Paukenschlag: Albert II. erkannte Delphine Boël als uneheliche Tochter an. Der DNA-Test hatte die Wahrheit ans Licht gebracht. »Die wissenschaftlichen Ergebnisse deuten darauf hin, dass er der biologische Vater von Frau Delphine Boël ist«, hieß es in einer Pressemitteilung seiner Anwälte. Albert II. habe die Ergebnisse des DNA-Tests zur Kenntnis genommen, hieß es in der Erklärung weiter. Der ehemalige König habe beschlossen, »diesem lästigen Verfahren in Ehre und Würde ein Ende zu setzen«, erklärte der Anwalt des ehemaligen Monarchen, Alain Berenboom, weiter.

Den Kampf seiner Tochter um Anerkennung als »lästiges Verfahren« zu bezeichnen, sagt mehr über den Charakter des früheren Regenten aus, als ihm sehr wahrscheinlich lieb ist. Die Übernahme von Verantwortung nach einem erzwungenen Vaterschaftstest erfordere jedoch »keine Großzügigkeit, keinen Edelmut des Geistes«, widersprach das flämische Blatt *Het Laatste Nieuws*. Die verspätete Anerkennung zeuge stattdessen von der Starrköpfigkeit des Ex-Königs »und der Tatsache, dass er in einer anderen Welt lebte«. Er stelle mit seiner langen Weigerung seinen »Egozentrismus« unter Beweis.

Die Geste komme zu spät, schrieb die Zeitung *Le Soir*. Das hätte schon »vor zwanzig, zehn, fünf Jahren« passieren müssen. Er als »Herz einer Institution« habe mit seiner Weigerung ein schlechtes Beispiel abgegeben. *La Libre Belgique* sah immerhin ein »Zeichen der Beschwichtigung«. Die Zeitung bezweifelte jedoch, dass Boël »in diesen kalten und distanzierten Worten« nicht nur die rechtliche, sondern auch die erhoffte emotionale Anerkennung finden werde. Die königlichen Anwälte hatten in ihrer Erklärung unter anderem bedauert, dass bei dem 2013 begonnenen Rechtsstreit »das Privatleben der Beteiligten nicht respektiert« worden sei.

Zu wenig gekümmert hat sich offenbar Albert auch um seine Ehefrau Paola. Dass sie sich Mitte der 1960er-Jahre entschloss, bei Albert zu bleiben, hat er seinem Bruder, König Baudouin, zu verdanken. Als Baudouin von Scheidungsabsichten Paolas erfuhr, drohte er, ihr die staatliche Apanage zu streichen, und setzte Paola unter Druck. Ihre drei Kinder müssten in Belgien bleiben, wenn sie im Falle einer Scheidung nach Italien zurückkehren sollte. Das wirkte. Albert und Paola fanden wieder zusammen. Die Scheidung wurde abgeblasen.

Die Weltöffentlichkeit wunderte sich, als der Schlagersänger Salvatore Adamo in den 1960er-Jahren der späteren Königin mit dem Hit *Dolce Paola* ein Liebeslied schrieb. Und just zur Hochzeit des zweiten Sohnes von Albert und Paola, Prinz Laurent, tauchte im April 2003 die Behauptung auf, der Prinz sei gar nicht der leibliche Sohn von König Albert, sondern das Ergebnis eines Seitensprunges von Königin Paola. Die Gerüchteküche brodelte.

Laurent raste nicht immer sehr diplomatisch durchs Leben. Den Beinamen »Prinz Vollgas« erhielt er allerdings nicht aufgrund seines ausschweifenden Lebensstils, sondern wegen seiner Liebe zu schnellen Autos. 2007 wurde ihm Unterschlagung öffentlicher Gelder in Höhe von 400 000 Euro vorgeworfen. Die brauchte der Prinz dringend für die Renovierung seiner Villa. Ihm war die ihm zugedachte Apanage offenbar zu wenig.

2013, ein Jahr vor ihrem Tod, kam die frühere belgische Königin Fabiola, die Gattin des vorletzten Königs der Belgier, Baudouin, und eines der beliebtesten Mitglieder des belgischen Königshauses, mit dem Gesetz in Konflikt. Man warf ihr vor, sie wolle mittels einer Familienstiftung zugunsten angeblich bedürftiger Verwandte ein Millionenvermögen an der Erbschaftssteuer vorbeischleusen. Fabiola wies damals die Vorwürfe zurück und löste die umstrittene Privatstiftung, die an ihrem Hochzeitstag gegründet worden war, auf.

Am 5. Februar 2020 schrieb das spanische Magazin *Hola.com*: »Ein Neffe von Fabiola aus Belgien kämpft um das Recht, den Titel ›Grande de España‹ zu tragen.«

Am 5. Dezember 2019 hatte sich zum fünften Mal der Todestag von Fabiola gejährt. Einen Monat danach machte einer ihrer spanischen Neffen (mit Nichten 37 an der Zahl – Fabiola hatte drei Schwestern und drei Brüder), José Gonzalo Ruiz de Bucesta Mora, auf sich aufmerksam. Nach dem Tod seines Vaters leitete Mora das Verfahren zur Beantragung von drei Adelstiteln ein. Von seinem Vater José Maria Ruiz de Bucesta y Osorio de Moscoso wollte er den Titel »de Bucesta y Osorio de Moscoso« übertragen bekommen.

Der am 8. Jänner 1957 geborene José Gonzalo Ruiz de Bucesta

Mora trat damit in die Fußstapfen seines um drei Jahre jüngeren Bruders Jaime Ruiz de Bucesta Mora, der im Dezember 2019 ebenfalls die Anerkennung der Titel beantragt hatte, vor allem jenen des Herzogs von Soma.

Die Titel gehörten Fabiolas Schwager, der 1956 in der katholischen Kirche Santa Bárbara in Madrid ihre jüngste Schwester Doña María de la Luz de Mora y Aragón geheiratet hatte. Der ältere der beiden Söhne, Don José Gonzalo, bekam den Titel »Marquesado de Monasterio«, der jüngere Don Jaime den von Palamós.

Nach der Abdankung seines Vaters Albert ist Philippe seit dem 21. Juli 2013 König der Belgier und damit auch Staatsoberhaupt des Königreiches. Es ist das erste Mal in der Geschichte Belgiens, dass ein Regent aus freiwilligen Stücken abgedankt hat.

Die aufsehenerregenden Schlagzeilen wurden in den letzten Jahren rarer. König Philippe hat sich bis dato keine Skandale geleistet.

Hineingeboren in das langweiligste Königshaus der Welt

Der derzeit amtierende König Philippe und seine Frau Mathilde sind ein Königspaar mit Vorzeigefamilie – ohne Skandale. Nicht zuletzt darum gilt das Königshaus als das »langweiligste« Europas. »Wenn der liebe Gott sich im Himmel langweilt«, schrieb Heinrich Heine, »dann öffnet er das Fenster und betrachtet die Boulevards von Paris.« Die Belgier öffneten das Fenster und blickten ins 370 Kilometer entfernte London.

Am 15. April 1960 wurde Philippe, Prinz von Belgien, Herzog von Brabant aus dem Haus Sachsen-Coburg und Gotha in Brüssel geboren. Er war von klein auf dazu bestimmt, seinem Onkel, König Baudouin, dessen Ehe mit Fabiola kinderlos geblieben war, auf den Thron zu folgen. Als Baudouin jedoch am 31. Juli 1993 mit 62 Jahren überraschend an Herzversagen starb, übernahm, wie bereits erwähnt, sein Bruder Albert den Thron. Philippe traute man die Rolle des Regenten noch nicht zu.

In der Öffentlichkeit erscheint Philippe oft sehr steif. Es heißt, er sei chronisch schüchtern und abhängig von seinen Beratern. Man sagt aber auch, Philippe habe durch seine Hochzeit sehr wohl an Selbstbewusstsein gewonnen.

Mit der Logopädin und Psychologin adeliger Herkunft Mathilde wurde alles anders. Sie brachte alles mit, was sich ein Land von einer künftigen Königin nur wünschen kann. Neben ihrem Beruf als Logopädin mit eigener Praxis studierte sie an der Katholischen Universität Löwen Psychologie, ihr Diplom machte sie mit summa cum laude. Während ihres Studiums lernte sie beim Tennis Philippe kennen. Drei Jahre gelang es den beiden, die Beziehung geheim zu halten. Bei der Bekanntgabe der Verlobung war die Überraschung groß, man sprach von einer arrangierten Ehe.

Mathilde stammt aus einer flämischen Familie, wuchs aber in der französischsprachigen Wallonie auf und stellt damit beide großen Volksgruppen zufrieden.

Am 4. Dezember 1999 heiratete der belgische Thronfolger Philippe Mathilde d'Udekem. Es war die letzte königliche Trauung des 20. Jahrhunderts. Man erinnere sich nur daran, wie Mathilde ihren soeben Angetrauten mit Herzchen in den Augen anhimmelte und geduldig wartete, bis er sich sie denn endlich vor dem Altar zu küssen traute. Schüchtern, bescheiden, Vorzüge, die sympathisch machen, aber eben etwas farblos daherkommen. Ich war damals vor Ort in Brüssel und in Erinnerung geblieben sind mir die wunderschönen Kirchenglocken, deren Melodie ich gleich via Mobiltelefon für mich festhielt.

Es heißt, der Prinz sei ein liebevoller Familienmensch. Aber er kann auch anders. Als der Fernsehjournalist Frédéric Deborsu 2012 in seinem Enthüllungsbuch *Questions Royales* (Königsfragen) beleidigende Behauptungen über ihn aufstellte, schaltete er einen Anwalt ein. Ein großer Schritt für ein europäisches Königshaus: Philippe zog vor den Presserat, um gegen das Skandal-Buch vorzugehen.

»Es gilt zu klären, ob nicht doch Grenzen überschritten wurden«, erklärte der Palast. »Es ist für ein Königshaus nicht üblich, auf solche Äußerungen auf diese Art und Weise zu reagieren, aber nach sorgfältigem Nachdenken, haben wir uns an den Presserat gewendet.«

Der Presserat musste prüfen, ob der Autor nicht gegen die Grundregeln von journalistischer Arbeit verstoßen hat. Das Buch strotzt nur so von beleidigenden Behauptungen. Unter anderem ist zu lesen, dass der belgische Thronfolger zu einem Grafen »eine intensive Beziehung außerhalb des Normalen« pflege. Auch sollen die vier Kinder des Kronprinzenpaares das Ergebnis von künstlicher Befruchtung sein.

Deborsu berief sich auf anonyme Zeugen, um die häufig mehr angedeuteten als ausgesprochenen angeblichen Enthüllungen zu stützen.

Der Palast hatte schon vor Erscheinen des Buches auf durchgesickerte Auszüge reagiert und »zahlreiche total irrige Informationen« kritisiert. Der Autor des Buches verteidigte sich: Er habe das Gefühl gehabt, dass der Prinz beim Volk nicht sonderlich beliebt sei und wollte dazu beitragen, dass man Philippe besser verstehe.

Kronprinz Philippes Antwort: »Der Tag, an dem Mathilde meinen Heiratsantrag angenommen hat, war der glücklichste Tag in meinem Leben.«

Der belgische öffentlich-rechtliche Fernsehsender RTBF, bei dem der Buchautor arbeitet, distanzierte sich von Deborsu.

Schritt für Schritt zur Königin

In Belgien wird jeder Schritt der Thronfolgerin beobachtet. Immerhin folgt sie eines Tages ihrem Vater auf dem Thron nach. Damit befindet sie sich in guter Gesellschaft, auch Prinzessin Catharina-Amalia der Niederlande (geboren 2003), Prinzessin Ingrid Alexandra von Norwegen (geboren 2004), Prinzessin Estelle von Schweden (geboren 2012) und Infantin Leonor von Spanien (geboren 2005) werden in den nächsten Jahren den Thron besteigen.

Auf ihr Amt als Königin wird Elisabeth von ihren Eltern behutsam vorbereitet. Neben der Schulausbildung nahm die Prinzessin bereits im Kindesalter offizielle Aufgaben wahr. Mit fünf Jahren war sie im Rahmen des Nationalfeiertags beim Te Deum mit dabei und absolvierte damit ihren ersten offiziellen Termin. Ihren Vater Philippe begleitete sie ein Jahr später, 2007, zur Eröffnung eines Wissenschaftsmuseums, und sie besuchte den Queen-Elizabeth-Musikwettbewerb.

Eine belgische Polarforschungsstation, die man während des Internationalen Polarjahres 2007 bis 2008 im Königin-Maud-Land der Antarktis errichtet hatte, wurde nach ihr Prinzessin-Elisabeth-Station benannt. Sie wird ausschließlich durch Solar-

und Windkraft mit Energie versorgt und ist die erste energieautarke Null-Emissions-Forschungsstation in der Antarktis. Bei der Präsentation im Königspalast war die Thronfolgerin anwesend. Eingeweiht wurde die Station am 15. Februar 2009.

Mit zehn Jahren nahm Elisabeth an der Eröffnung der nach ihr benannten Kinderklinik des Universitätsklinikums Gent teil. Unangekündigt begleitete sie im Juni 2019 Königin Mathilde, die im Namen von UNICEF nach Kenia reiste. Die dreitägige Mission war die erste offizielle Auslandsreise der Prinzessin.

Wie in einem Werbespot präsentiert sich Elisabeth hinter den Kulissen der TV-Studios, während die jährliche Rede ihres Vaters zum Nationalfeiertag am 21. Juli aufgezeichnet wird. Eine Aufgabe, die Elisabeth als Königin in Zukunft ebenfalls wahrnehmen wird. Sich mit den Gegebenheiten vertraut zu machen, kann nicht früh genug passieren.

Elisabeth steht immer öfter in der Öffentlichkeit. Die Medien sind begeistert von der Teenager-Prinzessin und würdigen ihren elegant-lässigen Stil in Sachen Mode. Nach dem Nationalfeiertag 2019 titelte die Tageszeitung *Het Laatste Nieuws*: »Elisabeth zieht alle Blicke auf sich.« Und der TV-Sender RTBF stellte die Frage in den Raum: »Elisabeth von Belgien, eine modische Inspiration für die Jugend?« Es sei noch zu früh, sie mit Herzogin Meghan zu vergleichen. Aber wenn Elisabeth wolle, könne sie wie Meghan ein Vorbild für die junge Generation werden, schrieb der TV-Sender.

2019 wusste die Fernsehanstalt wohl noch nicht, wie schnell Vorbilder wie Meghan ins Zwielicht geraten können.

Elisabeth kennt die Geschichte ihres Königshauses

1920 änderte der belgische König seinen Familiennamen von Sachsen-Coburg in »de Belgique« beziehungsweise »van België« (von Belgien). Doch so ganz klar scheint dies nicht geregelt worden zu sein. In der Geburtsurkunde von Ex-König Albert II. wurde der Name »de Saxe-Cobourg« eingetragen, in der Geburtsurkunde von Philippe der Familienname »de Belgique«.

Aus der weitverzweigten Familie Sachsen-Coburg änderten mehrere Mitglieder ihren Namen, so entstand in Großbritannien auch der Familienname Windsor, der sich von der königlichen Residenz der Familie ableiten lässt.

Zur Zeit von König Leopold I. (1790–1865) wurde beschlossen, dem Thronfolger und einigen anderen Prinzen einen angebrachten Titel zu verleihen. Der vermutliche Thronfolger erhielt den Titel »Herzog von Brabant«, der zweite Sohn den Titel »Graf von Flandern«. Dem ältesten Sohn des vermutlichen Thronfolgers wurde der Titel »Graf von Hennegau« zuerkannt. Alle diese Titel sind dem Titel »Prinz« beziehungsweise »Prinzessin von Belgien« vorangestellt. Erfolgte die Verleihung anfangs stets per königlichem Beschluss, wurde der Titel »Herzog von Brabant« später automatisch verliehen.

Die amtierenden belgischen Monarchen werden nicht als »Könige von Belgien« bezeichnet, der offizielle Titel lautet »König der Belgier«. König Leopold I. nahm sich bei seiner Thronbesteigung im Jahr 1831 Napoleon zum Vorbild, der mit dem Titel »Kaiser der Franzosen« verdeutlichen wollte, dass es sich um eine Monarchie handelte, die in erster Linie mit dem Volk und nicht mit dem Territorium oder dem Staat verbunden war.

Prinzessin Elisabeth von Belgien wird als Regentin auch Oberhaupt des belgischen Militärs sein.

Belgien ist eine Erbmonarchie, die verfassungsmäßige Gewalt des Königs geht durch Erbfolge auf den leiblichen und gesetzlichen Nachkommen in direkter Linie über. Elisabeth wird als Königin den Thron besteigen, nachdem sie in einer gemeinsamen Sitzung von Abgeordnetenkammer und Senat feierlich den Eid auf die Verfassung abgelegt hat. Dann ist Regentin Elisabeth auch Oberhaupt des belgischen Militärs.

Ihre Aufgaben sind klar geregelt. Die Königin verleiht die Dienstgrade in der Armee und ernennt die Beamten der allgemeinen Verwaltung sowie der auswärtigen Beziehungen, vorbehaltlich Ausnahmen. Weiters ernennt sie Richter auf Lebenszeit, um ihre Unabhängigkeit zu gewährleisten, und sie hat das Recht, die von den Richtern verhängten Strafen zu erlassen oder zu ermäßigen. Ebenso hat sie das Recht, Adelstitel zu verleihen, ohne jemals irgendein Privileg daran binden zu dürfen. Außerdem verleiht die Königin die nationalen Orden.

Die Monarchin und die Mitglieder der königlichen Familie pflegen direkten Kontakt mit den Bürgern des Landes, fördern private und staatliche Initiativen, die zur Verbesserung der Gesellschaft beitragen und repräsentieren Belgien im Ausland auf höchster Ebene bei Staatsbesuchen, Wirtschaftsmissionen und durch Teilnahme an internationalen Treffen.

Obwohl die Regentin keine politische Macht hat, garantiert sie die nationale Einheit. Sie ist eine wichtige Klammer in dem vom Sprachenstreit zwischen den Französisch sprechenden Wallonen und den Niederländisch sprechenden Flamen geprägten Land. Neben Flamen und Wallonen lebt auch eine Deutsch sprechende Bevölkerungsgruppe in dem Land, in dessen Hauptstadt Brüssel die Hauptquartiere der Europäischen Union und der NATO angesiedelt sind.

Eine Tradition hält sich hartnäckig. Der König und die Königin sind Pate beziehungsweise Patin des siebten Sohnes oder der siebten Tochter, die in Folge geboren wird. Dies ist eine königliche Gunst, die nicht automatisch verliehen wird. Auch Kinder einer nichtbelgischen Familie, die jedoch seit langer Zeit in Belgien lebt, kommen dafür in Betracht. König Baudouin (er regierte vom 11. August 1950 bis 31. Juli 1993) hatte 674 Patenkinder, Königin Fabiola 260. Oft bekommen die Patenkinder die Vornamen ihrer Pateneltern, und so heirateten einmal ein Baudouin und eine Fabiola.

Liebesg'schichten und Heiratssachen, Thronfolger inklusive

Disziplin und Pflichtbewusstsein am Hof lassen sich am besten anhand von König Baudouin und seiner Frau, Königin Fabiola, festmachen.

Die belgische Presse zeigt stets großes Interesse am Königshaus, so thematisierte sie in den 1950er-Jahren das Junggesellenleben von König Baudouin. Nicht weniger als 24 Damen des europäischen Hochadels wurden ihm als Heiratskandidatinnen vorgeschlagen. Die Belgier betrachteten seinen Bruder Albert und dessen bezaubernde italienische Gattin Paola mit Freude, aber wenn sie auf Baudouin blickten, sahen sie eine einsame, bebrillte Gestalt, die schüchtern aus einem schlichten, etwas ausgebeulten Anzug spähte. Es gab sogar Gerüchte, dass »le roi triste«, wie er genannt wurde, zugunsten seines Bruders Albert abdanken und Mönch werden wolle.

Doch schließlich überraschte der »Junggesellenkönig« sein Land mit einer Braut. Am 16. September 1960 verlobte er sich mit Doña Fabiola de Mora y Aragón. Die Bürger sahen Baudouin gerne nach, dass Fabiola aus Spanien stammte, unter dessen Herrschaft man dereinst gelitten hatte.

Offiziell wurde Fabiola drei Tage später der belgischen Bevölkerung und der internationalen Presse vorgestellt. Sie war zu dieser Zeit Anfang 30, eine zurückhaltende, fromme junge Dame mit einer tiefen Liebe zu Musik und Kunst. Das Hauptinteresse der ausgebildeten Krankenschwester galt Kindern. Durch ihre zahlreichen Reisen hatte sie die Welt gesehen. Ihre englischen, deutschen und französischen Sprachkenntnisse waren hervorragend.

Wann und wo Baudouin und Fabiola einander kennengelernt hatten, ist ein bis heute gut gehütetes Geheimnis. Als der belgische Monarch von der Presse dazu befragt wurde, antwortete er lachend: »Diese Geschichte erzählen wir unseren Kindern.«

Ein Sprecher verriet, Baudouin habe drei Jahre zuvor einen Urlaub in Spanien verbracht und dabei »ein wenig Spanisch gelernt«. Etwa zur gleichen Zeit vertraute Fabiola ihrer besten

Freundin, Pilar de Sástago, an: »Ich habe gerade zwei wunderbare Stunden mit einem Mann verbracht, den ich mit Freuden lieben und ehren würde. Ich fühle, dass er der einzige Mann auf der Welt ist, den ich immer lieben könnte.«

Die Hochzeit fand am 15. Dezember 1960 in der Kathedrale St. Michael und St. Gudula in Brüssel statt. Der besorgte Bräutigam hielt in seinem Handschuh ein Riechsalzfläschchen für den Fall bereit, dass seiner Braut vor Aufregung die Sinne schwinden.

Ab ihrer Ankunft in Belgien drückte Fabiola dem Leben der belgischen Königsfamilie ihren Stempel auf. Zum ersten Mal in der Geschichte des Landes erlebte Belgien eine Königin, die sich weigerte, eine Hofdame zu bestellen. Sie zog es vor, sich bei ihren vielfältigen Verpflichtungen von Fachleuten und nicht von Höflingen beraten und begleiten zu lassen.

Bereits kurz nach der Hochzeit wurde darüber getuschelt, wann Fabiola dem Land wohl einen Thronfolger schenken würde. Über viele Jahre versuchte Königin Fabiola, einen Thronerben für Belgien auf die Welt zu bringen. Gleich fünf Mal soll sie schwanger gewesen sein. Doch immer wieder besagte ein knappes Kommuniqué, dass Fabiola ihr Kind verloren habe. Schlussendlich musste bekannt gegeben werden, dass Fabiola keine Kinder mehr bekommen könne.

Die Entschlossenheit, mit der das Paar die ganz persönliche Tragödie meisterte, ließ die Sympathiewerte der beiden steigen. Fabiola nahm den »Makel der Unfruchtbarkeit« auf sich, obwohl hinter den Palastmauern scheinbar klar war, dass es nicht an ihr, sondern am sexuellen Desinteresse des königlichen Gatten lag.

Bei ihrem Begräbnis schrieb ein Trauernder auf eine Karte: »Für die Königliche Hoheit Königin Fabiola. Sie war mehr als eine Königin, sie war eine große Dame.«

Die dunkle Seite der Vorfahren

Die Regierungszeit von König Leopold II. (1865 bis 1909) ist ein dunkles Kapitel in der Geschichte des Königshauses. Der Monarch war ein begeisterter Anhänger kolonialistischer Ideen. In Zentralafrika gründete er den Kongo-Freistaat, der von 1885 bis 1908 seine Privatkolonie war.

Das Land war reich an Elfenbein und Kautschuk. Beides wurde im großen Stil exportiert. Führend dabei waren Konzessionsgesellschaften, die die Kautschukgewinnung mittels Sklaverei und Zwangsarbeit betrieben, allen voran die Société générale de Belgique. Ihr Hauptaktionär war der Kongo-Freistaat, also Leopold.

Geiselnahmen, Verstümmelungen, Tötungen ... Die »Kongogräuel« gingen in die Geschichte ein. Schätzungen zufolge fanden acht bis zehn Millionen Kongolesen, etwa die Hälfte der damaligen Bevölkerung, den Tod. Am 30. Juni 1960 wurde der Staat unabhängig.

Die Beziehung zwischen Belgien und der ehemaligen Kolonie war nicht immer stressfrei. Bei der Unabhängigkeitsfeier 1960 sagte der damalige König Baudouin: »Mein Land und ich erkennen mit Freude und Rührung an, dass der Kongo heute im vollsten Einvernehmen mit Belgien die Unabhängigkeit und internationale Souveränität erlangt. Gott beschütze den Kongo.«

Anschließend ergriff der erste kongolesische Ministerpräsident Patrice Lumumba das Wort, und übte lautstark Kritik an der Kolonialpolitik Belgiens, indem er die »erniedrigende Sklaverei, die uns mit Gewalt auferlegt wurde«, ansprach. »Wir haben zermürbende Arbeit kennengelernt und mussten sie für einen Lohn erbringen, der es uns nicht gestattete, den Hunger zu vertreiben, uns zu kleiden oder in anständigen Verhältnissen zu wohnen oder unsere Kinder als geliebte Wesen großzuziehen. […] Wir kennen Spott, Beleidigungen, Schläge, die morgens, mittags und nachts unablässig ausgeteilt wurden, weil wir Neger waren. […] Wir haben erlebt, wie unser Land im Namen von angeblich rechtmäßigen Gesetzen aufgeteilt wurde, die tatsächlich nur besagen, dass das Recht mit dem Stärkeren ist. […] Wir werden die Massaker nicht vergessen, in denen so viele umgekommen sind, und ebenso wenig die Zellen, in die jene geworfen wurden, die sich einem Regime der Unterdrückung und Ausbeutung nicht unterwerfen wollten.«

König Baudouin wollte nach dieser Rede den Kongo sofort verlassen, doch seine Minister baten ihn, aus Höflichkeit am anschließenden Dinner teilzunehmen. Bei diesem Gelage versuchte Lumumba, Baudouin mit einer Lobeshymne über die belgischen Errungenschaften abseits der Kolonialherrschaft zu versöhnen.

Als das belgische Königspaar am 28. Juni 2010 an den Feierlichkeiten zum 50. Jahrestag der Unabhängigkeit der Demokratischen Republik Kongo teilnahm, wurde Paola mit Diamantschmuck beschenkt. Das sorgte für negative Schlagzeilen in den belgischen Medien. Gerüchte wurden laut, die Königin wäre mit Blutdiamanten beschenkt worden. In Brüssel bezweifelte man, dass die Königin die Diamanten je tragen würde.

Einige Jahre vor seinem Tod vererbte König Leopold II. dem belgischen Staat einen Großteil seiner Privatbesitztümer. Dazu zählen der Laken-Park und die Schlösser von Ciergnon und Fenffe in den Ardennen. Allerdings knüpfte er an diese Schenkung einige Bedingungen: Bestimmte Immobilien dürfen nie verkauft werden und müssen ihre Funktion und ihr ursprüngliches Aussehen bewahren. Außerdem ging das Nutzungsrecht an die Thronfolger über. Manche Besitztümer wurden verpachtet, um für die königliche Schenkung Einnahmen zu lukrieren. Diese steht unter Aufsicht des Finanzministers und darf keine finanzielle Unterstützung durch den Staat erfahren, ihre Einnahmen müssen ihre Ausgaben decken.

Stilgerechtes Wohnen in den Palästen

Im Zentrum der belgischen Hauptstadt Brüssel steht der offizielle Palast des Königs der Belgier. Er symbolisiert die konstitutionelle Monarchie. Ein Jahr nachdem die belgische Revolution 1830 zur Unabhängigkeit des Landes geführt hatte, wählte der neue belgische König Leopold I. diesen Palast zu seiner Residenz. Bis zum Tod von Königin Astrid im Jahr 1935 wurde er als Residenz der belgischen Royals genutzt. Das Palais Royal ist bis heute die offizielle Residenz des Königs, dient ihm für Staatsempfänge in den Prunksalons, genannt »Salons d'apparat«, und auch die Ämter des Hofes sind hier untergebracht. Außerdem wird eine Sammlung über die königlich-belgische Dynastie, ein Zweig des Hauses Sachsen-Coburg und Gotha, in einem Museum, das im Palast beherbergt ist, gezeigt.

Der bevorzugte Wohnort der Familie liegt im Norden von Brüssel: Schloss Laeken. Zwischen 1782 und 1785 wurde Schloss Schonenberg zu Laeken auf Initiative der österreichischen Erzherzöge und der niederländischen Generalgouverneure für Maria Christina von Österreich und Albert von Sachsen-Teschen gebaut. König Leopold II. war von der Architektur des Baus fasziniert und ließ im Garten einen prächtigen Gewächshaus-Komplex anlegen. Nach seinem Tod stellte der Staat dem König das Schloss weiterhin zur Verfügung. 19 Gärtner sind in den königlichen Glashäusern für Azaleen, Kamelien und Palmen zuständig. An 14 Tagen im Jahr ist dieses exotische Paradies auch für Besucher geöffnet.

Das Wissen, vermögend zu sein

In Hochadelskreisen gilt die belgische Königsfamilie als sehr vermögend. Die millionenschwere Apanage soll jedoch, gemessen an der einen Milliarde Euro, die die königliche Familie durch Reichtümer aus der Ex-Kolonie Kongo noch besitzen soll (das Königshaus ist mit vier bis sechs Prozent an der Industrieholding Société générale de Belgique beteiligt, die 1989 vom französischen Konzern Suez übernommen wurde), eine bescheidene Summe sein.

Gekrönten Häuptern wird oft großer Reichtum nachgesagt. 2018 veröffentlichte ein deutsches Magazin eine Auflistung der reichsten Royals Europas. Auf Platz eins: Fürst Hans-Adam II. von und zu Liechtenstein mit einem Privatvermögen von circa 3,5 Milliarden Euro. Auf Platz zwei: Fürst Albert II. von Monaco. Sein geschätztes Vermögen von etwa 850 Millionen Euro entstammt Einnahmen aus dem berühmten Casino in Monte Carlo und umfangreichem Grund- und Immobilienbesitz. Relativ »abgeschlagen«, aber immer noch schwerreich: Queen Elizabeth II. von England mit einem geschätzten Vermögen von 450 Millionen Euro. Es gibt jedoch Quellen, die von 1,8 Milliarden Euro sprechen. Basis ihres Vermögens sind großer Grund- und Immobilienbesitz – und ihre jährliche Apanage von 16,2 Millionen Euro.

Alle konstitutionellen Monarchen (außer Hans-Adam II. von und zu Liechtenstein) empfangen Zuwendungen, um für ihren und den Unterhalt des Hofstaats aufzukommen – Wasser auf die Mühlen von Gegnern der Monarchie, die der Meinung sind, dass diese Staatsform nicht mehr zeitgemäß sei und viel zu teuer komme.

Prinzessin Elisabeth von Belgien feiert am 26. Oktober 2020 ihren 19. Geburtstag und führt altersmäßig die Riege der Königinnen der Zukunft an.

In Großbritannien kosten die Royals den Steuerzahler jährlich etwa 38 Millionen Euro. Umgerechnet auf die gesamte Bevölkerung sind das 51 Cent pro Kopf und Jahr. Der Polizeischutz für die königliche Familie, der Unterhalt von Palästen und anderer Kulturdenkmäler sowie Armee-Zeremonien sind noch nicht miteingerechnet.

Dem gegenüber stehen rund 600 Millionen Euro, die die Monarchie der britischen Wirtschaft laut der Tourismusagentur VisitBritain in die Kassen spült – in einem normalen Jahr, wenn nicht gerade geheiratet wird. Anlässlich der Hochzeit von Prinz William und Kate haben Besucher über 129 Millionen Euro ausgegeben – allein in London! Landesweit nahm der Einzelhandel mit Souvenirs des Paares über eine halbe Milliarde Euro ein.

Wollen Sie mit der Herzogin von Brabant, Thronfolgerin Elisabeth, in Kontakt treten? Schreiben Sie ihr einen Brief (es ist nicht üblich, einem Mitglied der königlichen Familie eine Mail zu schreiben). Die Anrede lautet schlicht und einfach: Ihre Königliche Hoheit.

Die Adresse:
Königlicher Palast
1000 Brüssel
Die Briefmarke können Sie sich sparen. Das Königshaus zeigt sich großzügig und übernimmt das Porto.

Am 26. Oktober 2020 feiert Elisabeth Prinzessin von Belgien ihren 19. Geburtstag. Sie führt die Riege der Königinnen der Zukunft an. Wenn sie einmal Königin der Belgier ist, könnte auch für Kronprinz Christian zu Dänemark der Ernst des Lebens beginnen.

Kronprinzessin Catharina-Amalia der Niederlande

Mit Schlagzeilen wie »Hurra, ein Prinzesschen« feierten die Niederländer am 7. Dezember 2003 das erste Kind des Kronprinzenpaares Willem-Alexander und Máxima. »Sie verstehen sicher, dass, obwohl sehr oft auf dieser Welt Kinder geboren werden, Máxima und ich als stolze Eltern natürlich das allerschönste Baby der Welt haben«, lautete die erste öffentliche Erklärung von Willem-Alexander. »Und wir sind sehr glücklich und dankbar, dass die Geburt so schnell und gut verlaufen ist. Kurz vor neun Uhr heute früh kündigte es sich an. Wir kamen hierher, und dass wir um fünf Uhr schon diese wunderbare Tochter in unserem Arm halten konnten, das ist schon ein besonderer Moment.«

Der stolze Vater meldete die Geburt im Rathaus von Den Haag und gab die Namen seiner Erstgeborenen bekannt: Catharina-Amalia Beatrix Carmen Victoria.

Das Kronprinzenpaar hat die Namen selbst ausgesucht. »Catharina-Amalia finden wir beide sehr schön, und international klingen sie auch gut. Es folgen die Vornamen meiner Mutter Beatrix und meiner Schwiegermutter Carmen. Victoria hat uns gut gefallen, weil der Name einen Sieg ausdrückt und weil Kronprinzessin Victoria von Schweden ihre Patentante ist«, so Willem-Alexander.

Niederländische Zeitungen hatten bereits vor der Geburt auf die Namen Catharina-Amalia getippt. Diese Namenskombination war offiziell geschützt worden. Mehrere andere Namen, die das Königshaus registrieren lassen wollte, waren bereits von anderen »geklaut« worden.

Die Begeisterung der Untertanen schlug sich in den Geschenken nieder, die gleich zuhauf im Palast eintrafen.

Mutter Máxima zeigte sich nach der Geburt erleichtert: »Nach einer schwierigen Zeit während der Schwangerschaft sind wir überaus dankbar und froh, dass alles gut gelaufen ist. Amalia ist ein kerngesundes Baby und schreit wenig. Nur wenn sie hungrig ist, schreit sie. Und wenn sie essen will, möchte sie ganz viel. Sie schaut mit großen Augen und Neugier in die Welt – sie ist unglaublich lieb.«

Prinzessin Catharina-Amalia der Niederlande am 7. Dezember 2004, ihrem ersten Geburtstag

Niemand rümpfte die Nase, dass »wieder nur ein Mädchen« die Thronfolge übernommen hatte. Mit drei Königinnen in den letzten 100 Jahren sind die Niederlande an das Matriarchat

gewöhnt. Kronprinz Willem-Alexander, der 2013 seiner Mutter auf den Thron gefolgt ist, bleibt die männliche Ausnahme. Nach ihm, etwa um 2040, könnte wieder eine Frau den Ton angeben.

In den Niederlanden stehen drei Anwärterinnen auf der Thronfolgerliste: Amalia, Alexia und Ariane.

Am 12. Juni 2004, sechs Monate nach ihrer Geburt, wurde Amalia in der Grote Kerk, der Stadtkirche von Den Haag, von Carel ter Linden, dem Pastor der königlichen Familie, getauft. Ihre Paten sind ihr Onkel Prinz Constantijn, Kronprinzessin Victoria von Schweden, Marc ter Haar, Herman Tjeenk Willink, Samantha van Welderen Baroness Rengers-Deane und ihr Onkel Martín Zorreguieta (der Bruder von Prinzessin Máxima). In der Thronfolge nahm die kleine Prinzessin Catharina-Amalia hinter ihrem Vater den zweiten Platz ein, als sie das Licht der Welt erblickte. Das hätte sich auch nicht geändert, wenn ihre Eltern noch einen Sohn bekommen hätten. Denn das Thronfolgegesetz sieht vor, dass das erstgeborene Kind, unabhängig vom Geschlecht, die Thronfolge antritt. Hinter Catharina-Amalia in der Thronfolge sind ihre Schwestern Alexia (2005 geboren) und Ariane (2007 geboren) gereiht.

Wie erklimmt sie den Thron?

Die niederländische Thronfolge ist in den Artikeln 24 ff. des Grundgesetzes (Grondwet) geregelt. Thronfolgeberechtigt sind die gesetzlichen Nachkommen Wilhelms I. 1922 wurde die Verfassung geändert und beschlossen, dass sich die Thronfolge von nun an ausschließlich auf Nachfahren von Königin Wilhelmina zu beschränken habe. Im Rahmen der Thronfolge sind alle Mitglieder des Hauses Oranien-Nassau zugelassen, die bis zum dritten Grad mit dem aktuell herrschenden Monarchen in einer Verwandtschaftsbeziehung stehen. Im Todesfall oder im Fall der Abdankung des Monarchen geht die Königswürde auf den gesetzlichen Nachkommen nach dem Recht der Primogenitur über. Kinder von Erstgeborenen stehen in der Thronfolge vor deren Geschwistern.

Erbberechtigt sind also grundsätzlich die Nachfahren des Königs, die Geschwister (2. Grad), die Nichten und Neffen des Königs (3. Grad) und die Onkel und Tanten des Königs (3. Grad). Beim Tod des Königs bereits gezeugte, aber noch nicht geborene Thronfolger gelten als geboren, außer es handelt sich um eine Totgeburt. Der König sowie alle Thronfolger bedürfen zur Eheschließung der Zustimmung durch Gesetz, das in gemeinsamer Sitzung der Generalstaaten beschlossen wird. Wird die Zustimmung zur Hochzeit untersagt, führt das zum Thronverlust beziehungsweise Ausschluss von der Thronfolge. So erfolgte die

Zustimmung zur Hochzeit des damaligen Kronprinzen Willem-Alexander mit Máxima Zorreguieta durch Reichsgesetz vom 4. Juli 2001.

Die Oranjes, wie sie sich selbst nennen, haben stets aktive Heiratspolitik betrieben. Galt es doch stets, das Reich zu vergrößern. Da wollte sich das Königshaus keine unpopulären Liebesverbindungen leisten. Doch – wie so oft – es kam alles anders.

Friso, dem jüngeren Bruder Willem-Alexanders, wurde die Zustimmung zu einer Ehe nicht erteilt, da seine Braut, Mabel Wisse Smit, nicht nur mit dem Kopf der holländischen Mafia, Klaas Bruinsma, liiert war, sondern auch mit dem ehemaligen bosnischen UN-Botschafter Muhamed Sacirbey, der wegen Veruntreuung von UN-Hilfsgeldern in Millionenhöhe in den USA im Gefängnis saß. »Lügen, gegen die kein Kraut gewachsen ist«, meinte der Premierminister, der sich über die bruchstückhafte Informationspolitik ärgerte. Der Prinz verzichtete kurzerhand auf den Thronanspruch, damit er seine Mabel heiraten konnte. Ihm wurde durch königlichen Beschluss vom 19. März 1999 mit Wirkung ab der Hochzeit (24. April 2004) der erbliche Titel »Graf« und der Geschlechtsname »van Oranje-Nassau van Amsberg« verliehen. Das »Mabelgate« war perfekt.

»Unstandesgemäße« Verbindungen sorgen nach wie vor für Turbulenzen in europäischen Königshäusern. Liebe ist eben immer auch Staatssache.

Hat der niederländische König keinen Thronfolger, kann ein Nachfolger per Gesetz ernannt werden. Die niederländische Monarchie unterscheidet zwischen der »Königlichen Familie« und dem »Königshaus«. Nicht jedes Mitglied der Königlichen Familie ist gleichzeitig Mitglied des Königshauses. Auch das ist

gesetzlich geregelt: Mitglieder des Königshauses sind der regierende sowie der zuletzt abgetretene Monarch und jene Mitglieder der Königlichen Familie, die im Rahmen der Thronfolge vorgesehen sind, mit ihren jeweiligen Ehepartnern.
Prinzessin Amalia hat als Nachfahrin von König George II. auch ein Anrecht auf den britischen Thron. Sie nimmt den 831. Rang der Thronfolge ein. Bei dieser Verwandtschaft blickt wahrlich niemand mehr durch.

Großmutter Beatrix war als Regentin nie Königin

Die Verfassung der Niederlande kennt zwar die weibliche Thronfolge, hat aber, wie bereits erwähnt, keinen Begriff dafür. Egal ob Mann oder Frau, der Titel lautet »Koning«. So war es auch schon zu Zeiten von Amalias Großmutter, Königin Beatrix.

Es war am 31. Jänner 1938, einem trüben Montagmorgen, als Prinzessin Beatrix Wilhelmina Armgard, das erste Kind von Königin Juliana und Prinzgemahl Bernhard, das Licht der Welt erblickte. Die Holländer tanzten auf den Straßen, um nach fast 30 Jahren endlich wieder die Geburt eines Königskindes feiern zu können. Beatrix bedeutet »die Glückbringende«, und sie wurde von klein auf zur modischen Stilvorlage – Mütter kleideten ihre Sprösslinge wie die kleine Prinzessin ein.

Das Glück wurde jäh unterbrochen, als der Zweite Weltkrieg ausbrach. Die niederländische Königsfamilie floh zuerst nach Großbritannien und von dort aus weiter in die kanadische Hauptstadt Ottawa. Diese Flucht vor der NS-Besatzung wurde als Skandal bewertet. Man verzieh der Familie lange nicht, dass sie

Königin Beatrix war nie »Königin«.
Ob Mann oder Frau, der Titel lautet »Koning«.

sich abgesetzt hatte, während das Land unter der Besatzung litt und unzählige Menschen deportiert wurden.

Im Gegensatz dazu blieb Dänemarks König, Christian X., im Land und wurde zum Symbol des Widerstandes. Und auch Englands königliche Familie weigerte sich, London während des Krieges zu verlassen. Ganz im Gegenteil: Queen Mum nahm ihre beiden Töchter Elizabeth und Margaret an der Hand und besuchte die Menschen in den zerbombten Stadtvierteln von London. Anlässlich eines Bombentreffers auf den Buckingham-Palast meinte Queen Mum, sie sei froh, denn jetzt könne sie den Menschen im East End (wo die Einwohner die meisten Bombenangriffe erdulden mussten) wenigstens in die Augen schauen. Von dem guten Ruf der Windsors, den sie sich während des Krieges verdient hatten, zehrt die Familie heute noch.

Im Mai 1945 kehrte Beatrix mit ihren Eltern und den drei jüngeren Schwestern aus dem Exil in die Niederlande zurück. Trix, wie Beatrix von den Familienmitgliedern liebevoll genannt wird, musste einen Schnellkurs in königlicher Etikette absolvieren. Sie durfte nicht mehr Kaugummi kauend über die Straße laufen oder mit wildfremden Menschen sprechen. Und allmählich verstand sie, wie schwer es ist, Thronerbin zu sein.

Beatrix besuchte die Bloemcamp-Schule in Wassenaar. Als ihr Vater merkte, dass seine Tochter nicht rechnen konnte, erfolgte der Wechsel auf ein konservatives Gymnasium.

Eine Versuchung als Schülerin brachte Beatrix hinter Gitter. Gemeinsam mit ihrer Schwester, Prinzessin Irene, kam sie auf dem Heimweg von der Schule an einem Obstgeschäft vorbei. Die süßen Früchte waren so verlockend, dass die Prinzessinnen einfach zugriffen und sich, ohne zu bezahlen, aus dem Staub machten. Die Schwestern wurden erwischt und ins Gefängnis gesteckt. Danach informierte man ihre Mutter, Königin Juliana. Die erkundigte sich sofort nach der Strafe für die beiden. Der Polizist erwiderte, man wolle die Mädchen zwei Stunden im Gefängnis behalten. Die Königin erwiderte: »Machen Sie drei Stunden draus!« Ihre Töchter sollten offenbar einen Denkzettel verpasst bekommen. Vorbestraft waren die niederländischen Prinzessinnen jedoch nicht.

Ihre Lehrjahre als Thronfolgerin absolvierte Beatrix als promovierte Soziologin und Staatsrechtlerin schließlich erfolgreich.

Der Amtsantritt von Königin Beatrix am 30. April 1980 begann mit einem schrillen Missklang. Die Inthronisation wurde von Protesten und Straßenschlachten begleitet. Demonstranten mokierten sich über die Verschwendungssucht der Royals, die damals das königliche Schloss um 40 Millionen Euro renovieren ließen, während in Amsterdam große Wohnungsnot herrschte. Als die Königin in der Nieuwe Kerk in Amsterdam ihren Eid leistete, schrien die Protestanten: »Keine Wohnung – keine Krönung!« Für Beatrix war das zwar kein sehr schöner Auftakt, aber sie war Vorkommnisse dieser Art gewohnt. Bereits als sie 1966 Claus von Amsberg heiratete, fielen Rauchbomben.

Anders als etwa die britische Krönungszeremonie war die holländische Feier 1980 eher nüchtern – nur eine schlichte Amtseinsetzung. Insgesamt waren 3000 Gäste geladen, um an der Huldigung der Königin in der Nieuwe Kerk teilzunehmen. 370 Azaleen schmückten die Kirche in Amsterdam – ein Geschenk der niederländischen Gärtner.

Für Königin Juliana war die Inthronisation von Beatrix ein ergreifender Moment. Ihre 32-jährige Herrschaft ging mit diesem Tag zu Ende. Auch die Mutter von Prinzgemahl Claus war anwesend und einige der insgesamt 13 Enkel von Ex-Königin Juliana und Prinz Bernhard. Man wollte vermeiden, dass sich ein königlicher Kindergarten versammelt.

800 Journalisten berichteten von diesem festlichen Tag. Das Niederländische Fernsehen übertrug das Event mit insgesamt 23 Kameras. Beatrix saß auf dem Thron mit dem Wappen des Hauses Oranien-Nassau, das den Reichslöwen zeigt, der in der einen Pranke ein Schwert, in der anderen Pranke sieben Pfeiler hält – sieben Pfeiler für die Anzahl der ursprünglichen Provinzen der Niederlande. Das Amsterdamer Kammerorchester führte die Krönungsmesse von Wolfgang Amadeus Mozart auf.

Die kupferne Glocke signalisierte, dass die gemeinsame Sitzung der Generalstaaten* von deren Präsident eröffnet worden war. Zunächst verlas der Schriftführer den königlichen Erlass über die Einberufung der gemeinsamen Sitzung zum Zweck der feierlichen Vereidigung und Huldigung Ihrer Majestät Königin Beatrix. Beide Kammern mussten der Inthronisation (»Inhuldiging«) von Königin Beatrix zustimmen. Anschließend ernannte der Vorsitzende die Mitglieder der Geleitkommission für die Königin. Danach verließen die Kabinettsmitglieder und die Mitglieder des Staatsrates den Palast und gingen zur Nieuwe Kerk, um an den Feierlichkeiten teilzunehmen.

Beatrix wurde nicht gekrönt, sondern inthronisiert, die Insignien wie Zepter, Krone und Reichsapfel waren daher nur symbolisch in der Kirche anwesend. In ihrer Ansprache sagte Beatrix: »All das, was unser Volk als recht und gerecht empfindet, dem Vaterland dienend, muss in unserem Staatswesen sein Vertrauen

---

* Als Generalstaaten bezeichnet man das Parlament des Königreichs der Niederlande und das des Landes Niederlande. Es besteht aus zwei Kammern. Der Staatsrat ist ein beratendes Organ. Jeder Thronfolger ist ab seinem 18. Lebensjahr automatisch Mitglied des Staatsrats, so auch Königin Beatrix. Hier werden alle Gesetze, die den Generalstaaten der zweiten Kammer vorgelegt werden, durchgesprochen.

finden. Schließlich ist das Vertrauen von Volk und Parlament die Grundlage der konstitutionellen Monarchie. Nicht Macht, nicht persönlicher Wille oder der Anspruch auf erbliche Autorität, sondern nur der Wille, der Gemeinschaft zu dienen, kann dem heutigen Königtum Inhalt geben.

Liebe Mutter, ein Ausspruch von dir hat mich sehr berührt, nämlich dass für eine Königin die Aufgabe als Mutter ebenso wichtig ist wie für jede andere niederländische Frau. Das hast du 1948 gesagt, als du Königin wurdest.

[Und als Zeichen des Respekts wechselt Beatrix vom vertrauten Du zum distanzierten Sie bei der Rede an die Mutter.]

Sie waren nicht nur für mich und meine Schwestern eine Mutter, sondern für das ganze niederländische Volk. Weisheit, Friedensliebe, Gottvertrauen waren die Prinzipien, von denen Sie sich in 32 Jahren, in denen Sie dem Land gedient haben, leiten ließen. Sie waren immer geduldig, in Bescheidenheit und unter großer Selbstaufopferung.

Liebe Mutter, heute ist dein Geburtstag. Aus tiefer, tiefer Dankbarkeit und wegen allem, was ich für dich empfinde, soll dieser Tag auch in Zukunft mit Deiner Weisheit und Mutterliebe verbunden bleiben. Daher soll dieser Tag der Königinnentag bleiben. [Normalerweise wird der Königinnentag am Geburtstag der jeweiligen Monarchin gefeiert.]

Das Amt, das Sie, liebe Mutter, mir heute übertragen haben, macht einsam. Wie einsam es macht, können nur Sie wissen. Aber wie Sie bin auch ich nicht allein. Ich bin glücklich über die engagierte und mutige Unterstützung meines Mannes Claus. Seine Talente stellt auch er in den Dienst der Niederlande. Meine neue Aufgabe verlangt auch mehr Rücksicht auf unsere Kinder, aber wir sind bereit, persönliche Einschränkungen in Kauf zu nehmen.«

Dann schwor Beatrix dem niederländischen Volk den Eid: »Ich schwöre, dass ich die Verfassung stets wahren und aufrechterhalten werde, dass ich mit all meinen Kräften die Unabhängigkeit des Staates und das Staatsgebiet verteidigen werde, dass ich die Freiheit des Volkes und des Einzelnen, dass ich die Rechte aller meiner Untertanen schützen und zur Aufrechterhaltung und Förderung des Gemeinwohls alle Mittel, die mir die Gesetze zur Verfügung stellen, anwenden werde, wie es einen guten Königs Schuldigkeit ist. So wahr mir Gott der Allmächtige helfe.«

Damit war der Staatsakt der Huldigung abgeschlossen. Es folgte der Auszug der inthronisierten Königin Beatrix der Niederlande aus der Kirche. Der Chor sang dazu »Was die Zukunft bringen möge«.

Beim traditionellen königlichen Festzug durften Beatrix und Prinzgemahl Claus aus Sicherheitsgründen nicht mit der goldenen Kutsche fahren. Sie trug den hermelingefütterten Königsmantel aus rotem Samt, den seit der Huldigungsfeier für Wilhelm II. alle niederländischen Monarchen getragen haben.

Ab dem Zeitpunkt des Thronwechsels war Juliana wieder Prinzessin der Niederlande. Willem-Alexander Thronfolger. Königin Juliana war beim Volk sehr beliebt. Nur bei seltenen Anlässen ließ sie sich mit dem Titel »Ihre Majestät« ansprechen. In der Regel bevorzugte sie die Anrede »mevrouw«.

So volkstümlich wie ihre Mutter war Beatrix nicht. Sie ließ wieder die traditionellen Anredeformen einführen – ab nun wurde die niederländische Königin wieder mit »Ihre Majestät« angesprochen.

Die Heiratspolitik im Wandel

Es war Liebe auf den ersten Blick, als sich Beatrix und Claus von Amsberg im Juli 1964 zum ersten Mal sahen. Doch Mutter Juliana mochte ihn nicht und fragte heimlich bei seinen Vorgesetzten im Bonner Außenministerium nach, wie denn die Chancen auf seine Versetzung ins Ausland, fernab von Europa, stünden. Sie erhoffte sich dadurch, dass die Liebe einschlafe. Als Beatrix davon erfuhr, trat sie aus Protest in einen dreitägigen Hungerstreik. Juliana war gerührt und lenkte angesichts dieser unerschütterlichen Liebe ein.

Nachdem die Presse die Identität von Claus von Amsberg herausgefunden hatte, war das Paar zu einer schnellen Entscheidung gezwungen. Am 28. Juni 1965 wurde die Verlobung im Fernsehen bekannt gegeben.

Als die Thronerbin ihre Liebe zum deutschen Diplomaten offiziell gestand, löste dies in den Niederlanden Empörung aus. Erinnerungen an die deutsche Besetzung im Zweiten Weltkrieg wurden wach. Später beschrieb Claus von Amsberg seine Verlobungszeit als den »nicht unbedingt glücklichsten Abschnitt in meinem Leben«.

Die Hochzeit am 10. März 1966 verlief, wie erwähnt, nicht ohne Zwischenfälle. 80 000 Menschen säumten den Hochzeitsweg, immer wieder kam es jedoch zu Demonstrationen jugendlicher holländischer Nationalisten, die darauf hinweisen wollten, dass mit Claus von Amsberg ein ehemaliger deutscher Wehrmachtssoldat die künftige Königin heiratet. Die Wahl verletzte die Gefühle vieler Niederländer, die im Zweiten Weltkrieg unter den deutschen Besatzern gelitten hatten. Als für ein Hochzeitsgeschenk Spenden gesammelt wurden, gab das Volk nur ein Zehntel der erhofften Summe: 15 000 Gulden, die

Beatrix und Claus an eine Rehabilitationsklinik für Kinder weiterleiteten.

Am Abend nach der Hochzeit übertrugen Fernsehen und Radio ein Interview mit dem Hochzeitspaar. »Auf der einen Seite sind wir glücklich, dass die Menschen ihre Gefühle zum Ausdruck bringen«, sagte Beatrix. »Es ist immer besser, wenn Menschen zu ihren Gefühlen stehen, und es hilft uns auch, damit wir wissen, wofür wir stehen. Wir haben das alles gut überlegt, aber trotzdem liegt es an uns, unser eigenes Leben zu gestalten. Und wir hoffen, dass wir in absehbarer Zeit die Schwierigkeiten bewältigen werden.«

Ihr Ehemann zeigte Verständnis für die Gefühle der Niederländer. »Ich bin glücklich über unsere Entscheidung, glücklich, dass wir ab heute zusammen ein neues Leben führen werden. Voll Freude und Zuversicht blicke ich der verantwortungsvollen Aufgabe entgegen, die wir von jetzt an zu erfüllen haben. Ich freue mich auf die Gelegenheit, gemeinsam mit euch allen unsere Zukunft neu zu gestalten.« Und er fügte dann hinzu: »Das Einzige, was ich sagen kann, ist, dass ich das Beste versuchen werde, um zu zeigen – wie soll ich es sagen –, wer ich wirklich bin und wofür ich stehe.«

Er war fortan – als Junker von Amsberg Prinz der Niederlande – Mitglied des Hauses Oranien. Es war eine große Herausforderung für Claus, vor den Augen eines überwiegend feindselig eingestellten Volkes seine Rolle zu gestalten. Binnen kürzester Zeit sprach er jedoch perfekt Holländisch. Er wurde in den Thronrat berufen, und mit seiner Integrität und seinem Pflichtgefühl eroberte er allmählich die Herzen der Holländer.

Am 27. April 1967 kam der erste Sohn des Paares, Willem-Alexander, auf die Welt. Ein Jahr später Prinz Johan Friso, und mit dem dritten Sohn Constantijn war die Familie komplett.

Als Königin Juliana 1980 zugunsten ihrer Tochter Beatrix abdankte, avancierte Prinz Claus zum Prinzgemahl. In ihm hatte Beatrix sicherlich eine Stütze, so engagierte sich der ehemalige Diplomat etwa in Fragen der Entwicklungspolitik.

Für Beatrix änderte sich das Leben nach ihrer Inthronisation über Nacht. Die Königin übersiedelte mit ihrem Mann und ihren drei Söhnen in das königliche Schloss in Den Haag. Die Royal Watcher waren sich einig, dass Beatrix und Claus eine perfekte Ehe führten. Ganz im Gegenteil zu ihrer Mutter, Königin Juliana: Sie musste demütigende Aktionen ihres Ehemanns, Prinz Bernhard, dulden. Der Prinzgemahl nahm seine Geliebte sogar in den gemeinsamen Skiurlaub mit.

Bei ihren Auftritten hatte Königin Beatrix stets ein professionelles Lächeln auf den Lippen und schüttelte fleißig Hände. Ein Eindruck von Herzlichkeit entstand dennoch nicht; die Grenzen zwischen dem Volk und dem Regenten waren entsprechend der Vorstellung von Beatrix klar gezogen: Sie wollte als Monarchin wahrgenommen werden, nicht als Mensch.

Ihre perfekt organisierte Pressestelle sorgte dafür, dass die Öffentlichkeit nur dann private Informationen erhielt, wenn die Königin das wünschte.

Gewollt waren die Hochzeitsbilder ihrer drei Söhne. Als Erster heiratete am 19. Mai 2001 der jüngste Sohn, Constantijn. Arm in Arm schritt er mit Laurentien Brinkhorst in die mit über 15 000 Blumen geschmückte Kirche. Mit dem gemeinsamen Gang zum Altar machte das Paar deutlich, dass es zusammen den Segen Gottes für seine Ehe erbat.

Als Máxima und Willem-Alexander am 2. Februar 2002 in der Neuen Kirche heirateten, durften die Eltern der Braut aufgrund

Hochzeit am 2. Februar 2002: Máximas Latina-Charme verleiht dem spröden Willem-Alexander Glamour.

der politischen Vergangenheit des Vaters, der Mitglied der argentinischen Militärdiktatur gewesen war, nicht beiwohnen.

Der Moment, auf den das Volk bei Eheschließungen von Blaublütern sehnlichst wartet, ist der Hochzeitskuss auf dem Palastbalkon. Ob stürmisch wie bei Prinzessin Madeleine und Chris O'Neill im Jahr 2013, zurückhaltend wie bei Prinz William und Herzogin Catherine 2011 oder kurz wie bei Prinz Charles und Lady Di (der Kuss dauerte nur 0,4 Sekunden), spielt schlussendlich keine Rolle. Die bürgerlichen Zuschauer brechen so oder so in frenetischen Jubel aus. Je länger allerdings die Lippen des Brautpaares aufeinander kleben, desto schöner findet es das Volk. Den Rekord für den längsten royalen Hochzeitskuss halten bis jetzt König Willem-Alexander und Königin Máxima der Niederlande. Er dauerte ganze 5,25 Sekunden.

Heiratskandidaten gab es für Ihre Königliche Hoheit Catharina-Amalia Beatrix Carmen Victoria Prinzessin der Niederlande, Prinzessin von Oranien-Nassau seit ihrer Geburt im Jahr 2003. Im benachbarten Belgien etwa wollte der flämische Senator Vincent Van Quickenborne im Jahr 2010 ein Gesetz von 1830 ändern, das Ehen zwischen Mitgliedern des belgischen und niederländischen Königshauses verbietet. Damals, in den Anfängen der belgischen Monarchie, wollte man unbedingt verhindern, dass die beiden Länder unter niederländischer Oberhoheit wiedervereint werden. Mit einer Gesetzesänderung wäre es möglich, dass der nahezu gleichaltrige Prinz Gabriel von Belgien eines Tages Catharina-Amalia heiratet. Aber auch ohne eine Adaptierung würde man da sicherlich eine Lösung finden, zumal Prinz Gabriel in Belgien nicht Thronfolger ist, sondern seine ältere Schwester Elisabeth.

In den Zeitungen wurde das niederländische Kronprinzenpaar aufgerufen, der Thronfolgerin Amalia eine unspektakuläre Erziehung zu gönnen. Die Prinzessin müsse wie andere Gleichaltrige aufwachsen können.

Nicht für die Schule, sondern für das Leben lernt auch Amalia

Drei Tage nach ihrem vierten Geburtstag, am 10. Dezember 2007, wurde Prinzessin Amalia eingeschult. Die Eltern brachten ihre Tochter in die Bloemcamp-Schule in Wassenaar, einem vornehmen Villenvorort von Den Haag. Diese Schule hatten auch Kronprinz Willem-Alexander und Königin Beatrix besucht. Noch einmal nahm Máxima ihre Tochter fest in die Arme, um sie dann in den Schulalltag zu entlassen.

Amalia treibt wie ihre zwei Geschwister, die Prinzessinnen Alexia und Ariane, Sport, im Speziellen Hockey sowie Judo, und sie reitet gerne. Sie ist im Ballett, tanzt liebend gerne, spielt Geige und nimmt Gesangsstunden. Sie spricht neben Niederländisch auch Spanisch und Englisch. Normalerweise fährt sie mit dem Fahrrad zur Schule, und sie ist eine der wenigen Prinzessinnen, die sich in sozialen Netzwerken tummeln.

Von der Prinzessin gibt es nur offiziell vom Königshof abgesegnete Pressebilder. Die Fototermine werden ganz gezielt vom Hof inszeniert. Das müssen auch die Paparazzi respektieren. Amalias Jugend soll so normal wie möglich verlaufen, ohne allzu viel Beachtung durch die Fotografen.

Am 11. September 2010 absolvierte sie beim Erntedankfest der Stadt Tiel ihren ersten offiziellen Auftritt als Prinzessin.

Die Historikerin Martina Winkelhofer weist darauf hin, dass »heutzutage Kinder von Königshäusern anders aufwachsen. Sie stehen unter Beobachtung. Die Mädchen, die einmal den Thron erklimmen, wachsen mit einem Anspruch, den sie gegenüber ihrem Haus haben, auf. Es gibt kaum eine Trennung zwischen privatem und öffentlichem Bereich, stets haben sie eine Rolle zu spielen, in die sie erst einmal hineinwachsen müssen.«

Der Schutz durch die Eltern klappt bei den royalen Nachkömmlingen nicht immer. So musste Amalia im Jahr 2017 nach dem traditionellen Fototermin beim alljährlichen Skiurlaub im österreichischen Lech heftige Kritik ertragen. »Die künftige Königin sei recht proper«, konnte man in Postings in den sozialen Medien lesen. Nicht gerade geschickt gewählt war der Ski-Anorak von Amalia: Das gleiche Modell hatte ihre Mutter Máxima 2007 als Hochschwangere getragen.

Doch Amalia wird von den Eltern unterstützt, damit sie auch weiterhin ihre Fröhlichkeit behalten kann. »Ausgiebig zu reden«,

Amalia in der Bloemcamp-Schule in Wassenaar, Den Haag.
Diese Schule besuchten auch ihr Vater und ihre Großmutter.

gilt bei den Oranjes als Königsdisziplin, um das Selbstbewusstsein wieder aufzubauen.

Die spanische Ausgabe des Magazins *Vanity Fair* berichtete am 24. April 2019 von einem besonderen Projekt: »Obwohl weder der Informationsdienst der niederländischen Regierung noch das Königshaus die Nachricht bestätigen wollten, ist es ein offenes Geheimnis, dass Prinzessin Amalia ihr erstes Theaterstück geschrieben hat.« Das Weihnachtsmusical der 16-Jährigen, das sie gemeinsam mit Mitschülern verfasst hat, wurde am 10. Dezember im Theater Koninklijke Schouwburg in Den Haag unter Mitwirkung von Trijntje Oosterhuis, einer berühmten niederländischen Sängerin, uraufgeführt. *Het Kerstklooster* (Das Weihnachtskloster) erzählt die Geschichte einiger Feen und Elfen, die mit Weihnachtsvorbereitungen beschäftigt sind. Die Prinzessin signierte das Werk – nach Angaben der niederländischen Presse – als »Emilia van Nassau«.

Amalia ist nicht die erste Prinzessin, der es die schreibende Zunft angetan hat: Prinzessin Madeleine von Schweden veröffentlichte im Juni 2019 ein Kinderbuch mit dem Titel *Stella und das Geheimnis*. Allerdings ließ sie ihren Adelstitel weg – als Autorin nennt sie sich schlicht Madeleine Bernadotte.

Bereits 1980 schrieb Prinz Charles das Kinderbuch *Der alte Mann von Lochnagar*. Es heißt, die Geschichte sei auf einer Schiffsreise entstanden, auf der sie Charles seinen kleinen Brüdern Andrew und Edward erzählt hatte. Das Kinderbuch, das Charles früherer Zeichenlehrer Sir Hugh Casson mit liebevollen Aquarellen geschmückt hat, war erfolgreich.

Eine Monarchin sagt danke.
Amalia wird Kronprinzessin

Am Montag, dem 28. Jänner 2013, wandte sich Königin Beatrix der Niederlande in einer außerordentlichen Fernsehansprache an ihr Volk: »Wie Sie alle wissen, hoffe ich, in wenigen Tagen meinen 75. Geburtstag zu feiern. Ich bin dankbar, dass es mir vergönnt ist, diesem Tag in guter Gesundheit entgegenzusehen. Am Ende dieses Jahres werden wir der Tatsache gedenken, dass unser Land vor 200 Jahren ein Königreich wurde, womit in unserer Geschichte ein neues Zeitalter anbrach. Das Zusammentreffen dieser beiden besonderen Ereignisse war für mich Anlass, den Entschluss zu fassen, in diesem Jahr von meinem Amt zurückzutreten.«

Eine Ikone inszenierte ihren Abgang.

Königin Beatrix ist eine Rekord-Monarchin. Nie zuvor saß ein älterer Mensch auf dem niederländischen Thron. Sie erreichte diesen Meilenstein mit 73 Jahren und 277 Tagen am 4. November 2011. In diesem Alter war König Wilhelm III., der diesen Rekord bis dahin innehatte, 1890 im Amt gestorben. Gefeiert wurde 2011 weit weg von zu Hause, denn Beatrix besuchte gerade die Inseln Curaçao und Sint Maarten, die als autonome Gebiete zum Oranje-Königreich zählen. Im europäischen Monarchen-Vergleich gehört Beatrix nicht zu den ältesten Regentinnen. Da war Queen Elizabeth II. für sie unerreichbar, die mittlerweile bereits 94 Jahre alt ist.

Anders als bei den Briten, wo Königinnen und Könige meist im Amt das Zeitliche segnen, ist bei den Niederländern der Thronwechsel zu Lebzeiten üblich. Königin Juliana der Niederlande hat es am 30. April 1980 gemacht, Königin Beatrix genau 33 Jahre später, am 30. April 2013.

Sie folgte damit dem Beispiel ihrer Großmutter Königin Wilhelmina, die von 1890 bis 1948 regiert und dann zugunsten ihrer Tochter Juliana abgedankt hat. Wilhelm I. (1772–1843), der erste König der Niederlande, hatte die sonst bei Monarchen eher unübliche Sitte, zu Lebzeiten freiwillig die Krone weiterzureichen, eingeführt.

Bei ihrer Abdankung zählte Beatrix zu den reichsten Frauen der Welt. Schätzungen gingen von ein bis zu zweieinhalb Milliarden Euro Gesamtvermögen aus. Den Steuerzahlern kosten die Oranjes 40 Millionen Euro pro Jahr. Beatrix bekam als Königin immerhin 5,2 Millionen Euro im Jahr. Davon musste sie den größten Teil für die Gehälter ihrer persönlichen Mitarbeiter ausgeben. Doch ihr Einkommen blieb fürstlich und steuerfrei: 825 000 Euro für die Königin.

Königin Beatrix hat sich als intelligente, moderne Herrscherin präsentiert. Ihre Regierungszeit war nicht einfach. In den letzten Jahrzehnten ihrer Regentschaft erschütterten Skandale das Vertrauen der Holländer in die Monarchie, die den Ruf nach der Republik sehr laut werden ließen.

Krisenmanagement royal

Prinz Bernhard (1911–2004), der Vater von Königin Beatrix, sorgte in regelmäßigen Abständen für Schlagzeilen. So auch, als er seine Frau mit der Wunderheilerin Greet Hofmans zusammenbrachte, die die jüngste Tochter von Königin Juliana, Prinzessin

Maria Christina, von einer Augenkrankheit heilen sollte. Das Leiden war die Folge einer Röteln-Infektion, die sich die Königin während ihrer Schwangerschaft zugezogen hatte. Auf Initiative von Prinz Bernhard wurde Hofmans 1948 am Königshof eingeführt. Doch auch nach drei Jahren hatte sich der Zustand der Augen der Prinzessin nicht gebessert. Trotzdem übte Hofmans weiterhin großen Einfluss auf die Königin aus. Nach einer Skandalrede der Königin vor der UNO-Vollversammlung, die diese unter dem Einfluss Hofmans gehalten hatte, verlangte das Parlament ihre Abdankung. Prinz Bernhard konnte die Regierung gerade noch davon überzeugen, dass es für eine Thronbesteigung der damals 18-jährigen Beatrix noch zu früh war. In der Folge mehrten sich Gerüchte, durch Greet Hofmans wäre auch die Ehe von Königin Juliana und ihrem Prinzgemahl Bernhard ernsthaft in Gefahr geraten.

Die »Hofmans-Affäre« rief ein großes Medienecho hervor. Am 13. Juni 1956 veröffentlichte *Der Spiegel* einen Artikel mit dem Titel »Die Gesundbeterin«. Informationen dafür soll Prinz Bernhard selbst geliefert haben, um Hofmans vom Hof zu vertreiben. Der damalige Ministerpräsident der Niederlande, Willem Drees, sprach ein Verbot aus, diese *Spiegel*-Ausgabe zu importieren. Er richtete eine Untersuchungskommission ein, die sogenannte »Beel-Kommission«. Das Resultat: Greet Hofmans musste ihre Tätigkeit als Beraterin von Königin Juliana nach neun Jahren beenden und das Königshaus sich einer Neuorganisation unterziehen. Die Freundschaft zwischen Königin Juliana und Hofmans blieb jedoch bestehen.

Die »Vereniging tegen de Kwakzalverij« (Vereinigung gegen die Quacksalberei) setzte Greet Hofmans auf Platz 14 der 20 größten Scharlatane des 20. Jahrhunderts. Ärzte in den USA konnten Prinzessin Maria Christina übrigens von ihrer schweren Augenkrankheit heilen.

Geld regiert die Welt. Dass Prinz Bernhard dies wie geschmiert umzusetzen wusste, bewies seine Verstrickung im sogenannten »Lockheed-Skandal«. Der US-amerikanische Flugzeughersteller zahlte Anfang der 1960er-Jahre Schmiergelder in der Höhe von 1,1 Millionen US-Dollar, um die Königlichen Luftstreitkräfte zum Kauf von Starfighter-Kampfflugzeugen zu bewegen. Doch der Prinzgemahl soll nicht nur Bestechungsgelder angenommen, sondern auch selbst welche gezahlt haben. Man warf ihm vor, dem argentinischen Diktator Juan Perón über eine Million Dollar als Gegenleistung für Bestellungen bei Hollands Eisenbahnindustrie übergeben und Peróns Ehefrau Juwelen auf Staatskosten geschenkt zu haben. Darüber hinaus wurde in der niederländischen und auch internationalen Presse über den Ankauf einer Luxuswohnung durch Prinz Bernhard in Paris berichtet: Die Bleibe war für seine Geliebte Helene Grinda bestimmt. Die Affäre flog auf. Zu Lebzeiten des Prinzen wurde ein diesbezüglicher Untersuchungsbericht allerdings geheim gehalten. Der damalige Ministerpräsident Joop den Uyl überließ Prinz Bernhard die Wahl, entweder alle öffentlichen Ämter aufzugeben oder vor Gericht gestellt zu werden. Prinz Bernhard zog sich am 26. August 1976 von allen öffentlichen Ämtern zurück.

Offenbar hatte Prinz Bernhard Probleme mit seiner ihm zugedachten Rolle am Königshof: »Das Land wird von meiner Frau regiert, in unseren vier Wänden bestimmte ich!«, meinte er, nahm sich alle sexuellen und auch finanziellen Freiheiten heraus und kostete damit seine Rolle bis zum Exzess aus.

Die Fliegerei war Bernhards Leidenschaft, die weiße Nelke im Knopfloch sein Markenzeichen. Seine recht umtriebige »Außerhäuslichkeit« wurde erst nach seinem Tod 2004 bekannt: Der Prinz hatte zwei außereheliche Töchter, wie er in einem Interview

2001 verriet. »Er wollte hinsichtlich seiner Affären, die ihn schon jahrelang verfolgten, reinen Tisch machen«, ist sich Pieter Broertjes, Chef vom Dienst der niederländischen überregionalen Tageszeitung *De Volkskrant,* sicher. »Er sprach über seine unehelichen Töchter, die Lockheed-Affäre und über den Skandal, die Wunderheilerin Greet Hofmans betreffend.«

Das auf 150 bis 200 Millionen Euro geschätzte Erbe Bernhards wurde nach seinem Tod gleichmäßig auf Königin Beatrix, ihre drei Schwestern und die zwei Halbschwestern aufgeteilt.

Hinter den Palastmauern würden die Fetzen fliegen, berichteten die Hofschranzen im Jahr 2003. Ein Streit innerhalb der königlichen Familie war so eskaliert, dass er bald auch die Regierung beschäftigte: Königin Beatrix soll ihr Einverständnis gegeben haben, ihre Nichte Prinzessin Margarita von Bourbon-Parma zu bespitzeln und zu verleumden.

Die Familienfehde hatte ihre Wurzeln in den frühen 1960er-Jahren. Margaritas Mutter Irene, die jüngere Schwester von Beatrix, studierte in Spanien die Sprache und Kultur des Landes. Im Sommer 1963 erhielt die Königsfamilie ein Foto von Irene, das sie in einer Madrider Kirche zeigte. Die protestantische Prinzessin war zum katholischen Glauben konvertiert. Königinmutter Juliana schwante Arges. Sie schickte einen Sekretär nach Spanien, um Nachforschungen anzustellen.

Irene hatte sich mit einem Neffen der österreichischen Ex-Kaiserin Zita verlobt: Prinz Carlos Hugo von Bourbon-Parma. Der Vater von Carlos Hugo führte die Falangisten an, eine faschistische Bewegung Spaniens, die Diktator Franco unterstützte. Königin Juliana versuchte alles, um diese Hochzeit zu verhindern. Prinzessin Irenes Rache an ihrer Mutter: Sie ließ sich bei einer Versammlung der Falange fotografieren.

Als Prinzessin Irene und Prinz Carlos Hugo 1964 in Rom heirateten, war niemand von ihrer Familie anwesend. Irene musste alle Rechte auf die niederländische Krone aufgeben und wurde aus dem Hause Oranien-Nassau verbannt. Auch nach der Scheidung gab es kein Zurück. Ihre Kinder blieben im Gegensatz zu den anderen Nichten und Neffen von Königin Beatrix von der Thronfolge ausgeschlossen, so auch Prinzessin Margarita. Die warf der Herrscherin daraufhin eine üble Hetzkampagne gegen sie und ihren bürgerlichen Mann, einen Unternehmensberater, vor. Die Königin habe dabei ihre Position, staatliche Geheimdienste und Ministerien missbraucht, das Paar sei bis zum Geschäftsruin bespitzelt, abgehört und verfolgt worden.

Und Margarita hatte noch ein paar Seitenhiebe parat: Ihre Tante Trix spreche allzu sehr dem Wein zu, die Schwiegertöchter hätten miserable Tischmanieren, die Royals machten sich nach Fernsehauftritten über das dumme Volk mit obszönen Gesten lustig, Patriarch Prinz Bernhard verschweige mehrere uneheliche Kinder ... und das sei erst ein Zehntel dessen, was sie auspacken werde, wenn keine Entschuldigung folge.

Auch Amalia wird an Bewährtem festhalten

Trotz aller Skandale findet sich der Familienclan seit 1959 alljährlich in friedlicher Eintracht in Lech am Arlberg zum Skiurlaub ein. Königin Juliana hat das Skiparadies seinerzeit entdeckt.

Auch den schwedischen König Carl XVI. Gustaf und seine Frau lockten sportliche Veranstaltungen nach Österreich – ob die Ski-Weltmeisterschaften in St. Anton oder die Nordische Ski-WM in der steirischen Ramsau. Seine Majestät selbst erwies sich als exzellenter Langläufer und Skifahrer. Egon Zimmermann, der Abfahrtsolympiasieger von 1964, war nicht nur sein Privatskilehrer in Lech am Arlberg, sondern als Hotelier auch Quartiergeber für die schwedische Königsfamilie. Außerhalb der Palastmauern fühlte sich die Familie hier wie zu Hause. Eine bewährte österreichisch-schwedische Freundschaft.

Lech war in den 1930er-Jahren eine arme Gemeinde ohne einen Skilift und mit nur wenigen Urlaubern. Erst mit der Motorisierung kamen der Fremdenverkehr und damit auch die betuchte Klientel in die Region.

Königin Juliana der Niederlande erklärte den Arlberg zu ihrem auserkorenen Urlaubsdomizil. Diskretion war und ist Ehrensache. Die adelige Herkunft der Gäste ist nicht immer auf den ersten Blick zu erkennen. Auf extra abgesperrte Pisten verzichtet die Königsfamilie. Auf den Hängen ist sie in Skikleidung schwer auszumachen und daher gut getarnt. Mit 86 Jahren fuhr Königinmutter Juliana in ihrem geliebten Lech zum letzten Mal Ski.

Die blutjunge Kronprinzessin Beatrix nützte 1962 ihren Aufenthalt in Österreich, um einen Abstecher zum wohl größten Ballereignis der Welt zu machen, dem Wiener Opernball. Der Staatsakt im Walzertakt war mit seinen Tausenden Besuchern das bedeutendste Ereignis für Kulturschaffende, Unternehmer, Politiker und Prominente aus nah und fern. Ein Hauch von k. u. k Romantik und Sisi-Nostalgie weht bis heute durch den schönsten Ballsaal der Welt. Und alle Jahre wieder heißt es für die Tanzwütigen: »Alles Walzer!«

Ich habe Jahrzehnte später Ihrer Majestät als Erinnerung an das Walzergepränge eine Kopie des Fernsehmaterials zukommen lassen. Die Königin hat sich in einem persönlichen Schreiben herzlich bei mir bedankt.

Jedes Jahr arrangiert das Königshaus in Lech einen Pressefototermin. Dieses Abkommen mit den Paparazzi funktioniert, danach lassen die Fotojäger die königlichen Gäste ungestört ihren Urlaub verbringen. Nur ein Mal wurde der Fototermin abgesagt: als Prinz Friso am 17. Februar 2012 am Zuger Tobel von einer Lawine verschüttet worden war. Obwohl das Skiparadies traurige Kratzer abbekommen hatte, machte die königliche Familie ein Jahr später wieder Urlaub am Arlberg. Prinz Friso lag währenddessen in einem Spezialkrankenhaus in London im Koma.

Für Königin Beatrix war der Lawinenunfall von Prinz Friso nach dem Tod ihres Mannes ein weiterer Schicksalsschlag. Prinzgemahl Claus war stets eine große Stütze für sie gewesen. 36 Jahre an der Seite der starken Beatrix hatten ihn krank gemacht. Claus wagte es nie, aus ihrem Schatten zu treten, verkümmerte in seiner Rolle als Prinzgemahl und wurde zutiefst depressiv. »Man könnte sagen, in meiner Seele bohrte ein tiefer Schmerz«, sagte er in einer Fernsehsendung anlässlich seines 60. Geburtstages. »Das ist das Schlimmste, was einem widerfahren kann. Es können einem so viele schreckliche Dinge passieren, doch für mich war das die furchtbarste Zeit meines Lebens.« Jahrelang kämpfte er gegen die Parkinson-Krankheit. Die Trauer anlässlich seines Todes im Oktober 2002 teilten selbst Menschen, die der Monarchie wenig abgewinnen konnten.

18. Februar 2013: Beim Fototermin präsentierte sich Königin Beatrix mit Thronfolger Willem-Alexander, Schwiegertochter Máxima und den drei Enkelkindern Amalia, Alexia und Ariane bestens gelaunt. Allerdings gab es diesmal kein übliches Statement. Die Pressestelle des Königshauses bat im Vorfeld um Verständnis. Prinzessin Mabel, die Ehefrau des verunglückten Prinzen Friso, hielt sich mit ihren beiden Töchtern ebenfalls in Lech auf. Aus persönlichen Gründen hatten sie beschlossen,

dem Fototermin nicht beizuwohnen. Es war der letzte Arlberg-Urlaub von Willem-Alexander als Kronprinz, etwas mehr als zwei Monate später wurde er der neue König der Niederlande.

Tradition seit den 1960er-Jahren: Der Arlberg ist für das niederländische Königshaus das Winterparadies.

Was bleibt, sind fröhliche Erinnerungen an eine unbeschwerte Zeit, als die drei Prinzen, Willem-Alexander, Friso und Constantijn, in der Diskothek »Zürserl« den Arlberg unsicher machten.

Willem-Alexander übernimmt das Zepter

Am 30. April 2013, dem traditionellen Koninginnedag, war Beatrix 33 Jahre Königin der Niederlande. Ein Leben im Dienst der Krone und der Familie als Ehefrau und dreifache Mutter, respektiert und verehrt vom Volk. Die Niederländer gaben ihr in Umfragen Bestnoten für ihren unermüdlichen Einsatz. »Vorstandsvorsitzende der Niederlande GmbH« wurde sie oft spöttisch, aber anerkennend, genannt.

Nach der Thronübergabe wurde die Königin wieder zur Prinzessin. Und zu einer Marke. Das Bild, das Beatrix bei Ihrer Inthronisation 1980 geschaffen hatte, veränderte sich kaum. Ihre stets makellose, immer gleiche Frisur, die großen Hüte und klassischen Kleider mit der ausgeprägten Schulterpartie vermittelten den Eindruck einer Uniform. Sie blickt nicht nur auf eine bewegte Regentschaft zurück, sondern auch auf eine erstaunliche Sammlung eigenwilliger Hüte. O du meine Hüte – der modische Deckel auf dem Kopf gehört zur Persönlichkeit von Königin Beatrix genauso wie ihr Lächeln, ihre eiserne Disziplin und ihre Willenskraft.

»Wer der Königin persönlich begegnet ist, weiß, wie sie Menschen berührt hat«, schwärmte der niederländische Ministerpräsident Mark Rutte.

Am 31. Jänner 2013 hatte Beatrix ihren 75. Geburtstag gefeiert – ihren letzten als Königin. In einer Ansprache wandte sie sich an ihr Volk: »Mit größter Zuversicht werde ich das Königsamt am 30. April dieses Jahres meinem Sohn, dem Prinzen von Oranien, übergeben. Er und Prinzessin Máxima sind bestens auf ihre künftige Aufgabe vorbereitet.«

Seit 1544 ist das Haus Oranien den Niederlanden verbunden. Seit 2013 erzählt Willem-Alexander die Geschichte weiter. Dass sich die Monarchie ändern würde, daran hat Willem-Alexander nie einen Zweifel gelassen. Schon als Kind war ihm alles Aufgesetzte fremd gewesen. Wenn die Mutter ihn wegen des gerne gesprochenen Haager Dialekts zurechtwies, antwortete er nur: »Hör dich einmal an, wie gestelzt das klingt im Fernsehen!«

Als der 46-jährige Willem-Alexander am 30. April seine Mutter, Königin Beatrix, ablöste, bestieg in den Niederlanden zum ersten Mal nach über 123 Jahren wieder ein Mann den Thron. Und er nahm das als Anlass für eine deutlichere Verkleinerung des Hofes: Nur noch direkte Verwandte ersten Grades des Königs gehörten jetzt zum Königshaus: der Regent selbst, seine Frau Máxima und die drei gemeinsamen Töchter, Ex-Königin Beatrix und Sohn Constantijn mit Ehefrau Laurentien, weiters die Schwester von Beatrix, Margriet, mit Ehemann Pieter van Vollenhoven. Die Cousins von Willem-Alexander samt Anhang und auch die Kinder seiner Brüder waren nun nur noch Mitglieder der Königsfamilie.

Willem-Alexander Claus George Ferdinand, der älteste Sohn von Prinzessin Beatrix und Prinzgemahl Claus, erblickte am 27. April 1967 in Utrecht das Licht der Welt. Bis 1981 wuchs er auf Schloss Drakensteyn in Baarn auf. Gemeinsam mit Kindern aller sozialen Schichten wurde er an öffentlichen Schulen unterrichtet. Seine Schulbildung vervollständigte er am Atlantic College in Wales, einer Schule für 16- bis 18-Jährige aus 80 Nationen, an der auch Österreicher einschlägige Erfahrungen machen konnten und die er 1985 erfolgreich abschloss. Nach seiner militärischen Ausbildung studierte der Prinz ab 1987 an der Universität Leiden Geschichte. Er gab sich sportlich und fröhlich, was ihm den Spitznamen »Prinz Pils« einbrachte – der Bierchen-Prinz. Doch trotz aller Ausgelassenheit dachte er an seine Zukunft, die ihn zweifeln ließ: »Dass ich eines Tages König sein werde, ist klar. Ich bin mir nur nicht sicher, ob ich dazu fähig bin.«

Sein Vater, Prinz Claus, weckte bei Willem-Alexander Interesse für das für die Niederlande wichtige Thema Wassermanagement. Er übt seit 1998 eine Reihe von nationalen und internationalen Funktionen aus. »Wasser ist etwas Fantastisches. Es ist lebensnotwendig. Es ist Gesundheit, Umwelt, Transport. Es ist ein Kampf gegen zu viel oder zu wenig Wasser. Man kann alles damit tun. Aber vor allem ist es für Holland etwas sehr Typisches«, sagte er mir im Rahmen eines Interviews in Wien.

Willem-Alexander ist bekannt für seinen sportlichen Einsatz. Unter dem Namen van Buren nahm er 1986 am Eisschnelllaufereignis Elfstedentocht teil. Seit 1998 ist Willem-Alexander Mitglied des IOC. »Es war ein besonderer Moment. Ich saß in meinem Büro in Noordeinde, als ich von der Ernennung erfahren habe.«

Die Presse war überrascht, als Willem-Alexander seine Verlobte Máxima der Öffentlichkeit präsentierte. Kennengelernt hatten sich die beiden bei einem Fest des spanischen Königs Juan Carlos 1999 in Sevilla. Die Idee vom hübschen Bürgermädchen, das einen Prinzen heiratet, weckt bis heute romantische Gefühle. So war es auch bei Kronprinz Willem-Alexander und Máxima.

Es war Liebe auf den ersten Blick zwischen der Bankerin und dem damaligen Thronfolger. Sofort begann sie, fleißig Niederländisch zu lernen. Vorbild war ihr Schwiegervater in spe, Prinz Claus. Er hatte ja, wie erwähnt, innerhalb von nur drei Monaten die Sprache seiner Frau perfekt gelernt.

Doch dann tauchte ein Problem auf. Máximas Vater war als Landwirtschaftsminister während der argentinischen Diktatur für die Verschleppung von Regimegegnern mitverantwortlich gewesen. Das Wort »Verfassungskrise« machte die Runde, Forderungen nach einem Thronverzicht des Bräutigams wurden laut. Der seinerseits machte seine Entschlossenheit deutlich, die Dame seines Herzens zu heiraten, selbst wenn ihn das die Krone kosten würde.

Der Kronprinz und Máxima entschieden sich für eine winterliche Hochzeit in der Nieuwe Kerk in Amsterdam. Máxima hatte

Máxima Zorreguieta, die argentinische Bankerin, erobert das Herz von Kronprinz Willem-Alexander.

sich vor der Hochzeit von ihrem Vater distanzieren müssen. Beim Versprechen der ewigen Treue und den Klängen eines Tangos kamen der Argentinierin die Tränen.

Máximas Brautkleid von Valentino war mit Blumen bestickt. Ihre Tiara, speziell für sie entworfen, basierte auf einem Schmuckstück aus dem Besitz von Königin Emma, der Urgroßmutter von Schwiegermutter Beatrix.

Schon bald flogen Máxima die Herzen zu. Sie habe Argentinien im Blut und Holland im Herzen, hieß es. Die gebürtige Argentinierin entwickelte sich zum beliebtesten Mitglied der niederländischen Königsfamilie. Sie gilt als besonders volksnah und macht auf dem offiziellen Parkett stets eine gute Figur.

Die ehemalige Königin Beatrix soll die bürgerliche Katholikin schon beim ersten Treffen ins Herz geschlossen haben. Vermutlich erkannte sie sofort, dass Máximas Latina-Charme ihrem spröden Sprössling das geben konnte, was ihm fehlte: Glamour.

Dreimäderlhaus: Ariane (13) und Alexia (15) mit ihrer großen Schwester Amalia, Prinzessin von Oranien

Bis heute sind Willem-Alexander und Máxima glücklich und skandalfrei verheiratet. Inzwischen hat das Paar drei Töchter: Am 7. Dezember 2003 erblickte Catharina-Amalia das Licht der Welt, Alexia wurde am 26. Juni 2005 geboren und Ariane am 10. April 2007. Auch sie dürfen ihre Ehepartner einmal selbst wählen. Ganz im Gegensatz zu früheren Zeiten, als der spätere Lebensweg der royalen Kinder von den Eltern vorbestimmt wurde und einzig und allein der Machterhaltung der Dynastie diente.

Die niederländische Königsfamilie verbringt die Sommerferien traditionell in der königlichen Villa Eikenhorst in Wassenaar bei Den Haag. Die Villa wurde in den 1980er-Jahren von Prinzessin Christina, der Schwester von Königin Beatrix, erbaut.

Den Umgang mit der Presse lernt Amalia von klein auf

2018 fand der letzte Sommer-Fototermin der königlichen Familie vor der Villa De Eikenhorst in Wassenaar statt. Anfang des Jahres 2019 verließen Königin Máxima, König Willem-Alexander und ihre drei Töchter nach 15 Jahren die schöne Bleibe und zogen in das nur wenige Kilometer entfernte Schloss Huis ten Bosch, das drei Jahre lang aufwendig renoviert und mit großen Sicherheitsvorkehrungen aufgerüstet worden war. Die Einfahrt ist nun mit versenkbaren Pollern versehen. Hinter den Zäunen befinden sich zwei Sicherheitsglastüren, die den Eingang schließen können. Über dem Anwesen ist die königliche Fahne gehisst. Seit dem Abschluss der letzten Renovierungsarbeiten steht das Residenzschloss auch für Empfänge und Veranstaltungen bereit.

Der Abschied von Eikenhorst fiel nicht leicht, da die Königskinder hier aufgewachsen waren. »Wir hatten hier wunderschöne Jahre und werden Heimweh nach Eikenhorst haben«, erklärte König Willem-Alexander.

Alljährlich stellen sich Prinz Willem-Alexander und Máxima den Fotografen, deren Bilder die heile Welt der königlichen Familie dokumentieren. »Die Medien werden gebraucht, damit die Royals auch wahrgenommen werden«, ist sich Historikerin Martina Winkelhofer sicher. »Königshäuser können ihre Bedeutung heute kaum noch transportieren, es gibt nur noch konstitutionelle Monarchien ohne jegliche politische Macht. Sie leben nur noch Rollen vor, und um das zu dokumentieren, brauchen sie die Medien. Wenn der König nicht gesehen wird, fragt man sich, was für eine Bedeutung er überhaupt noch hat, denn politisch spielt er ja sowieso keine Rolle mehr.«

Im Dezember 2010 wurde heftig spekuliert, ob Willem-Alexander und Máxima das letzte Königspaar der Monarchie sein könnten. Hollands Anti-Royalisten machten mobil. Sie brachten einen Antrag im Parlament ein, der die Rechte der Royals massiv beschneiden sollte. Die Gegner der Monarchie hatten den Zeitpunkt gut gewählt, denn das Thronfolgerpaar sorgte gerade mit seinem Hang zum Luxus für Unmut.

Vermögen in Hülle und Fülle

Das niederländische Königshaus gilt heute als das reichste in Europa. Es zählt zum exklusiven Klub der Milliardärsfamilien. 1890 hatte sich König Wilhelm III. mit 25 Prozent an der Gründung der N.V. Koninklijke Maatschappij tot Exploitatie van Petroleumbronnen in Niederländisch-Indien beteiligt und dieser Aktiengesellschaft daher die Firmierung unter dem Titel »Königliche« gestattet. 1907 schloss diese sich mit der Shell Transport and Trading Company p.l.c. in London zusammen und bildet seit 2005 die Royal Dutch Shell plc. Die durch verschiedene Familienstiftungen gehaltene Beteiligung des Königshauses am Gesamtkonzern wird heute auf circa 3,5 Prozent geschätzt.

Sehr skurril: Viele Mieter in Manhattan halten die frühere Königin Beatrix für ihre getarnte Vermieterin. Holländische Siedler kauften einst den Indianern die Insel für 24 Dollar ab.

Der königliche Palast Noordeinde im Zentrum von Den Haag dient als offizieller Amtssitz und befindet sich nahe dem Sitz des Parlaments der Niederlande. Er wurde im Jahr 1533 für den Statthalter von Holland errichtet.

Die Oranjes residieren in dem im 17. Jahrhundert als Lustschloss erbauten Palais Huis ten Bosch in Den Haag. Ihnen gehören außerdem fünf Schlösser und neun Landgüter, zwei Villen in der Toskana und zahlreiche Apartments in der ganzen Welt.

Die Royals nutzten Schloss Het Loo in Apeldoorn bis 1975 als Sommerresidenz. Es wurde jedoch bereits von Königin Wilhelmina mit der Bedingung, den Besitz im Falle der Abschaffung der Monarchie zurückzuerhalten, an den Staat abgetreten. Bis heute wird das alte Schloss von der Königsfamilie als Familientreffpunkt genützt. Hinter den Palastmauern verbirgt sich ein Museum der Geschichte des niederländischen Königshauses.

Der Palast Paleis op de Dam in Amsterdam dient den Royals nur noch für offizielle Empfänge. 1966 wurde die Hochzeit der damaligen Kronprinzessin Beatrix mit Claus von Amsberg im Palast ausgerichtet. Auf dem Palastbalkon erschien Beatrix nach ihrer Inthronisation 1980. Auch auf diesem Balkon zeigte sich Thronfolger Willem-Alexander nach seiner Heirat mit Máxima 2002.

Für einen symbolischen Preis hat Willem-Alexander seine 2007 erworbene Luxusvilla auf der Halbinsel Machangulo in Mosambik 2009 an eine Entwicklungskooperative verkauft. Das kostspielige Anwesen und die hohen Sicherheitskosten für den königlichen Urlaub in einem Entwicklungsland haben vor dem Hintergrund der Finanzkrise heftige Kritik ausgelöst.

2012 erwarb die Familie ein Ferienhaus in Doroufi auf dem Peloponnes in Griechenland: 4000 Quadratmeter, drei Wohnungen und ein Pool für insgesamt 4,5 Millionen Euro. Und wieder gab es Ärger, wollten sich doch Willem-Alexander und Máxima einen Privathafen bauen lassen. Das rief eine Bürgerinitiative auf den Plan. Die Einheimischen hielten das Vorhaben für illegal und befürchteten, der Strand könnte, entgegen griechischem Recht, komplett für die royalen Herrschaften gesperrt werden.

Für den Bau des Hafens lag eine Sondergenehmigung griechischer Ministerien vor. Die niederländische Regierung begründete die Baumaßnahme mit Sicherheitsvorkehrungen. Der nationale Koordinator für Terrorismusbekämpfung und Sicherheit habe ein Maßnahmenpaket ausgearbeitet. Dazu gehöre eben auch eine Bootsanlegestelle, die in direkter Verbindung mit der Villa liege. Auch die Anwälte von König Willem-Alexander gaben ein Statement ab: »Das ist holländisches Hoheitsgebiet. Aus Sicherheitsgründen sind die Bauarbeiten notwendig. Die Arbeiten sind mit dem griechischen Staat abgesprochen.«

Im Jänner 2019 wurden im Auktionshaus Sotheby's in London und New York Kunstgegenstände versteigert, die aus der Sammlung des niederländischen Königshauses stammten: 13 Zeichnungen alter Meister, chinesisches Porzellan, Geschirr und Silberbesteck. Der Erlös der Versteigerung wurde auf 3,5 Millionen Euro geschätzt. Wer die Kunstgegenstände zur Versteigerung freigegeben hatte, wollten das Regierungspresseamt und Sotheby's nicht verraten.

Im Katalog der Londoner Versteigerung war lediglich der Vermerk zu finden: »Property of a princess«. Mittlerweile ist jedoch bekannt, dass Prinzessin Christina, die jüngste Schwester von Beatrix, die Verkäuferin war. Die am 16. August 2019 verstorbene Prinzessin hatte bereits in der Vergangenheit mehrmals Kunstobjekte verkauft.

Die Zeichnungen, die in New York unter den Hammer kamen, stammten aus der berühmten Kollektion von Wilhelm II. und seiner Gattin Anna Paulowna. Das bekannteste Kunstobjekt darunter war eine Zeichnung von Peter Paul Rubens, deren Versteigerungswert auf 2,5 bis 3,5 Millionen Euro geschätzt wurde. Die Holzkohlezeichnung des niederländischen Großmeisters war oft ausgestellt und vielfach in der Literatur beschrieben worden. 1959 war die Zeichnung der Sammlung von Königin Wilhelmina zugeschrieben worden, danach war Königin Beatrix die Eigentümerin.

Verkleinerungen der Kunstsammlung des Königshauses sind mittlerweile eine Oranje-Tradition mit einer langen Vorgeschichte. Der letzte große Kunstsammler der Royals war Wilhelm II. Er lieh sich bei seinem russischen Schwager Nikolaus I. eine Million Gulden, um Kunst kaufen zu können. Nach seinem plötzlichen Tod 1849 hatte Wilhelm II. einen großen Schuldenberg angehäuft. Nikolaus I. wollte der Familie die Schulden im Tausch gegen die Kunstsammlung erlassen, doch die war der Meinung, eine Versteigerung sei sinnvoller. Mehrere Werke von Raffael, Michelangelo und Leonardo da Vinci sowie 192 Gemälde alter Meister wurden damals verkauft und brachten insgesamt die Summe von 771 059 Gulden ein. Bis zum heutigen Tag sprechen Kunsthistoriker mit Wehmut von jener Versteigerung, die im August 1850 stattfand. Ausländische Kunstsammler ersteigerten die Objekte, die Sammlung des niederländischen Königshauses schrumpfte drastisch.

Auch die Zeichnungen, die Sotheby's anbot, waren nicht die ersten Reststücke aus der Sammlung von Wilhelm II., die verkauft wurden. 1988 hatte Prinz Bernhard zwei Gemälde versteigern lassen. Der Ehemann von Königin Juliana schenkte den Ertrag nicht, wie angekündigt, dem WWF, sondern verwendete das Geld für ein Privatprojekt.

2013 verkauften die Enkelkinder von Juliana ein Gemälde des javanischen Künstlers Raden Saleh. Davor hatte ein unbekanntes Mitglied der Königsfamilie 2012 den *Atlas Munnicks van Cleeff*, eine Sammlung von 1200 Zeichnungen aus dem 17. und 18. Jahrhundert von der Stadt und Provinz Utrecht, für einen Millionenbetrag verkauft.

Die Verkäufe aus den Jahren 2012 und 2013 wurden erst

2016 öffentlich gemacht, worauf die niederländischen Kunsthistoriker mit heftiger Kritik reagierten – denn die Königsfamilie hatte die Gemälde und Kunstobjekte nicht zuerst niederländischen Museen angeboten, sondern diese direkt versteigern lassen. Das Regierungspresseamt informierte in Bezug auf die Versteigerung bei Sotheby's 2019: Die Besitzer von Privatsammlungen sind in den Niederlanden dazu bemächtigt, ihre Kunstobjekte versteigern zu lassen, wenn dabei alle rechtlichen Prozeduren berücksichtigt werden – und das sei auch bei dieser Versteigerung der Fall. Außerdem bestätigte das Presseamt, dass Prinzessin Juliana die Objekte Erben vermacht hatte.

Salima Belhaj von der Partei D66 forderte daraufhin, Ministerpräsident Mark Rutte solle noch vor der Versteigerung an das Königshaus appellieren und sich für einen Verbleib der Kunst im eigenen Land aussprechen. Vor der Versteigerung solle erfragt werden, ob niederländische Museen Interesse an dem Werk Rubens haben. Außerdem wünschte sie sich, dass man bei zukünftigen Kunstobjekten der Königsfamilie immer so verfahre.

Der Tradition des Königshauses verpflichtet

Das Gebiet der heutigen Niederlande gehörte dereinst zu Burgund und fiel vor rund 500 Jahren an das Reich der Habsburger. Anfang des 16. Jahrhunderts setzte sich immer mehr der Protestantismus durch. Als 1556 der spanische König Philipp II. das Land erbte, versuchte er es mit einer harten Rekatholisierungspolitik.

Die Niederländer unter Wilhelm von Oranien wehrten sich dagegen. Wilhelm trug den Namen Oranien als Erbe des Fürstentums Oranien in Südfrankreich. Und da er gleichzeitig das hessische Gebiet Nassau erbte, nannte er sich Prinz von Oranien, Graf von Nassau. Bei allen Konflikten besinnen sich die Niederländer stets der Oranier, die ihnen einst die Freiheit gebracht haben.

König Willem-Alexander erklärte nach seiner Inthronisation gelassen: »Ich bin kein Protokollfetischist. Die Menschen können mich so ansprechen, wie sie wollen.« Eine neue Schlagzeile war geboren: Willem-Alexander verzichtet wie seine Großmutter, Königin Juliana, auf die Anrede »Majestät«.

Viel hat der niederländische Regent nicht mehr zu sagen. In der konstitutionellen Monarchie wird die Politik von der Bevölkerung getragen. Allerdings kann der erbliche Monarch über die Regierung einen gewissen Einfluss ausüben, so zum Beispiel bei der Regierungsbildung. Er unterzeichnet als Oberhaupt des seit 1830 bestehenden Königreiches der Niederlande Gesetze, ernennt und entlässt die Regierung.

Königin Beatrix schöpfte ihren Handlungsspielraum voll aus. Wie groß der Einfluss der Königin wirklich war, wusste man während ihrer Regierungszeit nicht so genau. Daher spricht man von der »black box« der niederländischen Politik.

Ehemalige Minister haben öfter davon erzählt, dass Beatrix ihre Anregungen keineswegs als unverbindliche Hinweise gesehen hat. Ihren Einfluss machte sie etwa nach Parlamentswahlen geltend: Da normalerweise keine Partei eindeutig als Sieger hervorgeht, lag es an Beatrix, einen bestimmten Politiker mit der Regierungsbildung zu beauftragen.

2012 beschloss das Parlament, Beatrix diese Rolle zu nehmen: »Das Parlament braucht keinen königlichen Schiedsrichter«, so ein Abgeordneter. Dadurch wurden die Machtbefugnisse von Beatrix und all ihren Nachfolgern klar beschnitten.

Was die Royalisten am meisten fürchten, ist eine rein zeremonielle Monarchie etwa nach schwedischem Muster.

Alle Jahre wieder, am dritten Dienstag im September, wird anlässlich der Parlamentseröffnung eine 112 Jahre alte, von Pferden gezogene Kutsche »aus dem Stall« geholt. Der Einsatz der sogenannten »Goldenen Kutsche« am traditionellen »Prinsjesdag« (Prinzentag) ist ein rares Zeichen der Extravaganz der niederländischen Königsfamilie. In einigen anderen Ländern haben Gegner der Herrschaft einer erblichen Monarchie so manch königliche Prunkstücke verbrannt. Nicht so in den Niederlanden. Dort sehen manche die Goldene Kutsche als Symbol der nationalen Einheit.

Bei der Goldenen Kutsche handelt es sich um ein Geschenk der Amsterdamer Bürger. Ende des 19. Jahrhunderts war Amsterdam eine geteilte Stadt zwischen armen und reichen Menschen. Viele waren wütend über die wachsende Kluft. Ein Prediger rief die Menschen auf, 25 Cent für ein Geschenk anlässlich der Krönung von Königin Wilhelmina 1898 zu spenden. Der Aufruf war sehr erfolgreich und brachte die Menschen zusammen. Das Geschenk war die Goldene Kutsche. Königin Wilhelmina hatte zuerst Bedenken, das Geschenk anzunehmen, da sie landesweite Proteste gegen königlichen Prunk befürchtete. Die Kutsche kam ins Museum, bis sich die Monarchin 1901 entschied, sie für ihre Hochzeit mit Prinz Hendrik zu verwenden.

Das Gefährt hat viele bedeutende Momente erlebt. In ihm fuhren nach ihrer Hochzeit die damalige Kronprinzessin Beatrix mit dem Deutschen Claus von Amsberg durch die Straßen von Amsterdam, als aus Protest gegen die Heirat Rauchbomben explodierten.

Eine Woche nach den Terroranschlägen vom 9. September 2001 auf das World Trade Center in New York fand wie üblich der Prinsjesdag statt. Es wurde diskutiert, ob es für Königin Beatrix nicht zu gefährlich sei, mit der Goldenen Kutsche zur Parlamentseröffnung zu fahren. Die Entscheidung fiel zugunsten der Tradition. Und zum Gedenken an die schrecklichen Geschehnisse hatte man sich etwas Besonderes ausgedacht: Die Kutsche hielt kurz vor der US-Botschaft in Den Haag. Das Innehalten dauerte lediglich 15 Sekunden, hinterließ aber einen tiefen Eindruck. Nie zuvor war eine Kutsche mit einem niederländischen Monarchen angehalten worden, um einem ausländischen Vertreter den Respekt für die Opfer einer Tragödie zu erweisen.

Nicht allen gefällt die Kutsche, die nicht aus purem Gold gefertigt wurde. Blattgold und goldene Farbe verleihen ihr das Luxusaussehen. Auch hat es der Ästhetik nicht besonders gutgetan, als das Dach angehoben wurde, um für die voluminösen Frisuren und Hüte der royalen Damen Platz zu schaffen.

Als der heutige König Willem-Alexander noch Student war, musste er entschuldigt von Vorlesungen fernbleiben, um am Prinsjesdag teilnehmen zu können. Er schrieb ins Klassenbuch: »Ich werde morgen nicht anwesend sein können. Ich muss meine Mutter begleiten, die in einem goldenen Wohnwagen durch Den Haag fährt.« Humor hatte er schon immer.

Der Ernst der Krone beginnt 2021

Wirklich ernst wird es für Kronprinzessin Amalia, die Zweitälteste in der Riege der Königinnen der Zukunft, erst ab ihrem 18. Geburtstag, am 7. Dezember 2021. Dann erhält sie einen Sitz im Staatsrat, eine eigene Apanage, und sie muss die Vertretung ihres Vaters übernehmen. Sie wird nach und nach von ihren Eltern auf die Rolle als künftige Regentin vorbereitet. So gab sie etwa im Jahr 2019 zum ersten Mal ein spontanes, wenn auch kurzes Fernsehinterview beim Königstag in Amersfoort.

Die Prinzessinnen von morgen wachsen mit dem Wissen auf, dass sie nicht nur Privatpersonen sind, sondern vor allem öffentliche Personen. Sie lernen Disziplin und üben sich in Selbstkontrolle. Das ist das Rüstzeug, das sie in der Zukunft brauchen werden. Auch das geschätzte Privatvermögen ihrer Familie in Höhe von 217 Millionen Euro wird Amalia Sicherheit geben.

Ihre Königliche Hoheit, die Prinzessin von Oranien – Amalia neuer Titel, seit ihr Vater König ist.

Wenn Sie mit Kronprinzessin Catharina-Amalia, der zukünftigen Königin im Hause Oranien-Nassau in Kontakt treten wollen, schreiben Sie ihr. Die Anrede lautet schlicht und einfach: Ihre Königliche Hoheit, Prinzessin Amalia.

Die Adresse:
Palast Huis ten Bosch
'S-Gravenhaagse Bos 10,
2594 BD Den Haag
Niederlande

Kronprinzessin
Ingrid von Norwegen

Am 21. Jänner 2004 um 9.13 Uhr kam Kronprinzessin Ingrid von Norwegen zur Welt. Ein historisches Ereignis, war es doch das erste Mal, dass die Tochter eines norwegischen Kronprinzen als Erbin des Throns geboren wurde. Die Taufe fand am 17. April 2004 in der Schlosskapelle in Oslo statt. Die Prinzessin wurde Ingrid nach der Großmutter von Kronprinzessin Mette-Marit und nach der in Schweden geborenen gleichnamigen dänischen Königin genannt. Den zweiten Namen, Alexandra, wählte man in Erinnerung an König Olav V. von Norwegen, der ursprünglich Alexander von Dänemark hieß.

Kronprinz Haakon hatte nach der Geburt nur knapp 24 Stunden gewartet, bevor er eine ganze Serie selbst geschossener Fotos von Töchterchen Ingrid Alexandra veröffentlichte.

Königliches Gebrüll hallte während der Predigt des Bischofs von Oslo, Gunnar Stålsett, bei der Taufe durch die Osloer Schlosskapelle. Das Schreien steigerte sich zum Fortissimo, als die kleine Prinzessin über dem Taufbecken mit Wasser betupft wurde. Das Taufkind Ingrid Alexandra trug das 101 Jahre alte Taufkleid von König Olav V. (1903–1991), dem Urgroßvater der Prinzessin.

Der Brauch des Taufkleides entstand in der Spätantike. Mit der sogenannten »Ganzkörpertaufe«, meistens von Erwachsenen, war ein Umkleiden verbunden, und dafür legte man dieses spezielle Gewand an. Im Neuen Testament ist das Empfangen eines weißen Kleides ein Symbol für die Zugehörigkeit zu Jesus Christus (»Aber du hast einige in Sardes, die ihre Kleider nicht besudelt

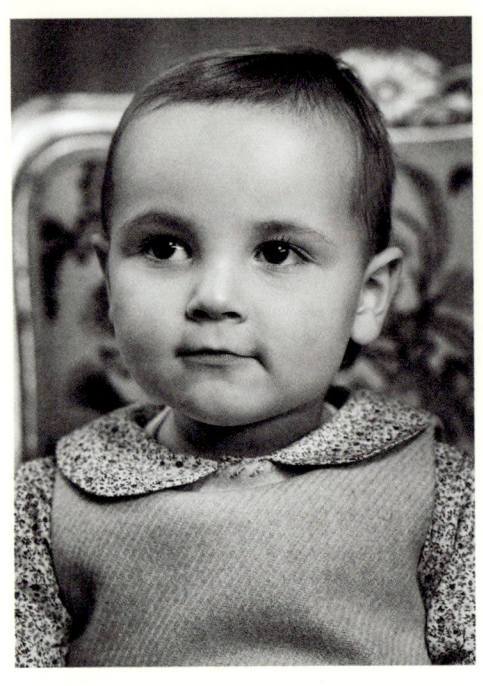

Die kleine Ingrid blickt neugierig in die Welt.

haben; die werden mit mir einhergehen in weißen Kleidern, denn sie sind's wert. Wer überwindet, soll mit weißen Kleidern angetan werden, und ich werde seinen Namen nicht austilgen aus dem Buch des Lebens, und ich will seinen Namen bekennen vor meinem Vater und vor seinen Engeln.« Die Offenbarung des Johannes 3, 4–5, Lutherbibel).

Der Täufling wusste sich zu benehmen und ließ sich stilgerecht in das Staatskleid hüllen, wie das Taufkleidchen offiziell bezeichnet wird.

Gut aufbewahrt sind die Taufkleider der Habsburger in der Wiener Schatzkammer. Ebenso wie die Taufgarnitur, die Taufkanne und das Taufbecken. Die Taufkanne war so schwer, dass für die Taufzeremonie eine kleinere Ausführung herhalten musste.

21. Jänner 2004: Die Geburt bringt königliche Pflichten für Prinzessin Ingrid von Norwegen. Hier bei ihrer Taufe.

Die Taufe ist im christlichen Sinn ein wichtiges Ritual, ist sie doch Aufnahme in die Religionsgemeinschaft und in die Familie. Die Zeremonie und ihre Utensilien sind mit Tradition behaftet. Die kaiserliche Taufgarnitur war ursprünglich ein Tafelaufsatz und eine Handwaschgarnitur. Noch heute tragen im Hause Habsburg die Täuflinge ein Kleid, das aus der Zeit von Maria Theresia stammt. Otto Habsburg hat es ebenso getragen wie sein Enkel Ferdinand Zvonimir Maria Balthus Keith Michael Otto Antal Bahnam Leonhard bei seiner Taufe am 20. September 1997 im Dom der kroatischen Hauptstadt Zagreb.

Als Taufpaten für Prinzessin Ingrid Alexandra von Norwegen fungierten neben dem Großvater, König Harald V., Kronprinzessin Victoria von Schweden, Kronprinz Frederik von Dänemark, Kronprinz Felipe von Spanien, Prinzessin Märtha Louise von

Norwegen und Marit Tjessem, die Mutter von Kronprinzessin Mette-Marit.

Aufgabe der Taufpaten ist die Unterstützung des Täuflings. An Königskinder werden viele Anforderungen gestellt. Sie müssen als spätere Repräsentanten ihrer Familien und Länder in ihre Rolle hineinwachsen. Sie führen ein öffentliches Leben, und königliche Paten können dabei die beste Hilfestellung leisten.

Prinz Christian zu Dänemark hat mit acht Taufpaten nicht nur die meisten, sondern wie Prinzessin Ingrid Alexandra gleich fünf Royals, die dieses Amt übernommen haben. Neben der royalen Unterstützung sind bürgerliche Taufpaten für die Verbindung zum Volk wichtig.

Nicht nur die Zahl der Taufpaten war »üppig«, sondern auch das Essen. 267 geladene Gäste aus Politik, Wirtschaft, Hocharistokratie sowie Familienmitglieder und enge Freunde waren beim Taufschmaus dabei. Außer der schwedischen Kronprinzessin Victoria war kein Vertreter europäischer Königshäuser zugegen. Als Grund gilt, dass im Frühjahr 2004 mehrere royale Hochzeiten stattfanden – in den Niederlanden, Dänemark und Spanien. So heiratete am 24. April Prinz Johan Friso der Niederlande seine Mabel Wisse Smit. Kronprinz Frederik von Dänemark sagte am 14. Mai Ja zu Mary Donaldson, und am 22. Mai ehelichte der spanische Kronprinz Felipe die Journalistin Letizia Ortiz in Madrid.

Harald von Norwegen sorgte mit seiner Taufrede für Schmunzeln: »Viele glauben, dass der Lebenslauf eines Thronerben von Geburt an feststehe. Das halte ich für falsch. Vielmehr ist Ingrid Alexandra wie alle anderen Kinder ein einzigartiger und spezieller Mensch mit unendlich vielen Möglichkeiten in sich. Ingrid Alexandra leitet eine neue Epoche in Norwegens Geschichte ein, denn mit ihr ist die erste Thronerbin in der über tausendjährigen

Geschichte des Königreiches geboren. Viele werden mir zustimmen, wenn ich sage, dass es Zeit war!«

König Harald von Norwegen: »Zeit war's. Ingrid ist die erste Thronerbin in der Geschichte des Königreiches.«

Nicht so gut kam ein Statement von Sven O. Høiby an, des zweiten Großvaters des Taufkinds und Vaters von Mette-Marit. Er erklärte in einem Fernsehinterview, er habe seine Enkelin bei der Taufe zum ersten Mal gesehen. Mette-Marit hatte seit Längerem jeden persönlichen Kontakt zu ihrem Vater abgelehnt, nicht zuletzt deswegen, weil ihr Vater sie gegen Bezahlung durch Boulevard-Fotografen zu einem Fototermin gelockt hatte. Laut Sven O. Høiby gab es nach der Taufe eine kurze persönliche Begegnung und auch eine Umarmung mit seiner Tochter Mette-Marit.

Großvater Harald und sein Trotzkopf

Die Wurzeln und Ursprünge der norwegischen Monarchie reichen wie erwähnt mehr als tausend Jahre zurück. Der heutige Monarch, König Harald V., entstammt dem ursprünglich in Schleswig-Holstein ansässigen Fürstengeschlecht Glücksburg, das seit dem Jahr 1905 in Norwegen regiert.

Prinz Harald kam als Sohn des späteren Königs Olav V. von Norwegen und seiner Frau Prinzessin Märtha von Schweden am 21. Februar 1937 in Skaugum bei Oslo zur Welt. Er hat zwei ältere Schwestern, doch ist er als jüngstes Kind Thronfolger. Das Gesetz will es so.

Während des Zweiten Weltkrieges verbrachte Harald einige Jahre im Exil in den USA. Im Sommer 1945 kehrte er mit seinen Eltern nach Norwegen zurück. Hier machte er Matura an einer staatlichen Schule und absolvierte anschließend eine militärische Ausbildung. Wie manch anderer Regent in spe widmete sich der Kronprinz dem Studium der Politologie und der Volkswirtschaft. Nach seiner Studienzeit an den Universitäten in Oslo und Oxford begleitete Harald seinen Vater auf offiziellen Reisen ins Ausland und arbeitete sich in die königlichen Amtsgeschäfte ein.

1959 lernte er Sonja Haraldsen kennen, eine Bürgerliche, Tochter des Unternehmers Karl August Haraldsen und seiner Frau Dagny. Sonja, geboren am 4. Juli 1937, war in Vinderen, einem noblen Stadtteil von Oslo, aufgewachsen. Dort besuchte sie bis 1954 die Schule, beendete sie mit dem mittleren Bildungsabschluss und absolvierte danach eine handwerkliche Ausbildung zur Damenschneiderin. Im schweizerischen Lausanne erwarb sie ein Diplom in Buchführung, Sozialwissenschaften und Modedesign. Ihr Interesse an Sprachen und Kunstgeschichte vertiefte sie mit einem Studium an der Universität Oslo.

Harald und Sonja trafen einander zum ersten Mal auf einem Sommerball. Ihre nicht standesgemäße Liaison stieß auf wenig Begeisterung bei Hof. Die Gegner der Verbindung sahen durch eine Heirat des Thronfolgers mit einer Bürgerlichen die Zukunft der Monarchie in Gefahr. Das Paar kämpfte neun Jahre lang. Sonjas Mutter beschwor die Tochter: »Er ist ein Prinz und wird einmal König werden. Heiraten kann er dich niemals.« Erst als die norwegische Regierung erklärte, dass eine Hochzeit weder gegen die Verfassung der konstitutionellen Monarchie verstoße noch dem Ansehen des Königshauses schade, lenkte König Olav V. ein. Gerüchten zufolge drohte Harald seinem Vater, für immer ledig zu bleiben, sollte er Sonja nicht heiraten dürfen. Das wäre für den Erhalt der Monarchie eine Katastrophe gewesen, da aufgrund des fehlenden Nachwuchses kein Thronfolger parat gestanden wäre.

Am 19. März 1968 gab der König seine Einwilligung zur Hochzeit. Der Verlobungstag wurde für ihn zur großen Überraschung, denn die Menschen reagierten begeistert auf die Verlobung und brachten dem Paar Ovationen dar.

Noch im selben Jahr, am 29. August, wurde im Dom zu Oslo Hochzeit gefeiert. Der Hochadel versammelte sich. Bischof Fridtjov Birkeli führte bezüglich der Herkunft der Braut in seiner Predigt aus: »Heute ist ein neues und festes Band zwischen der königlichen Familie und dem Volk geknüpft worden.« Das Volk störte der Standesunterschied des Kronprinzenpaares nicht, es schloss Prinzessin Sonja, das neue Mitglied der königlichen Familie, sofort ins Herz.

Das Glück war perfekt, als das Paar nach drei Jahren Ehe und einer schmerzlichen Fehlgeburt am 22. September 1971 das erste Kind bekam: Märtha Louise. Am 20. Juli 1973 wurde Thronfolger Haakon Magnus geboren.

Für die persönliche Freiheit lohnt es sich zu kämpfen. Harald bewies Standfestigkeit und ist damit der erste Kronprinz, der eine Bürgerliche heiratete.

Ein Trauerfall in der königlichen Familie macht Sonja über Nacht zur Landesmutter Norwegens. Ihr Schwiegervater, König Olav V., starb am 17. Jänner 1991 in Oslo an den Folgen eines Schlaganfalls. Kronprinz Harald erbte den Thron seines Vaters. Er ist der dritte norwegische Regent, seitdem Norwegen 1905 die Unabhängigkeit durchgesetzt hat. Von 1814 bis 1905 gehörte Norwegen zu Schweden. Vor dieser Zeit, von 1381 bis 1814, hatte die dänische Krone Norwegen annektiert.

Am 23. Juni 1991 ließ sich das Königspaar gemeinsam in der Nidarosdom in Trondheim segnen und folgte damit der Tradition des Vorgängers. Der Bischof von Oslo, Finn Wagle, legte auch Königin Sonja die Hand auf den Kopf und bat um Gottes Hilfe, damit sie ihr Amt »zum Wohl ihres Landes und der Menschen« ausüben könne.

Auch ein wahrlich ungleiches Paar waren Erzherzogin Elisabeth Marie, genannt »Erzsi« (1883–1963), und der SPÖ-Landtagsabgeordnete für Niederösterreich, Leopold Petznek (1881–1956). Bei Tisch herrschte spanisches Zeremoniell, wird heute noch erzählt. Trotzdem soll Petznek weit nobler als die geborene Erzherzogin, die einzige Tochter von Kronprinz Rudolf von Österreich aus dem Hause Habsburg-Lothringen, gewesen sein.

Durch die Heirat mit dem »roten« Politiker bekam sie den Beinamen »die rote Erzherzogin«. Ihre letzte Ruhe fand »Erzsi« auf dem Hütteldorfer Friedhof. Ihre Gruft (Gruppe 2, Gruft 72) ist nicht leicht zu finden, denn sie hat keine Aufschrift. Nur Eingeweihte sollten sie besuchen. In ihrem Grab liegt auch ihr Mann, den sie um sieben Jahre überlebte, und ihre vor ihr verstorbenen Söhne Ernst und Rudolf Johann aus der ersten Ehe mit Prinz Otto zu Windisch-Graetz.

Im Testament hat die Erzherzogin und Genossin Petznek die Stadt Wien reich bedacht: Die Habsburger-Devotionalien sind in diversen Wiener Museen ausgestellt. Auch verfügte sie, dass ihre Beisetzung – im Gegensatz zu ihrer Geburt, die in ganz Österreich-Ungarn mit Geschützsalven, Militärparaden und Fackelzügen gefeiert wurde – in aller Stille stattfinden solle.

Großvater Harald – der stille Monarch

König Harald macht sich nichts aus großen Auftritten. Zusammen mit seiner Gattin Sonja sowie Kronprinz Haakon hat der mittlerweile fünffache Großvater vor allem repräsentative Aufgaben.

Am 6. Mai 2013 begab sich das Staatsoberhaupt auf einen privaten Abenteuerurlaub – von Norwegen in den brasilianischen Amazonas-Regenwald an der Grenze zu Venezuela. Mit einer kleinen Transportmaschine kam der König und landete mitten im Dschungel. Sein Ziel war ein Dorf der Yanomami-Indianer, die sich in diesem Gebiet ihre seit Jahrhunderten unverfälschte Lebensweise erhalten haben. »Ein Besuch hier ist ein langjähriger Traum von mir, seit ich mich schon in jungen Jahren für den WWF engagiert habe. Jetzt hatte ich endlich die Möglichkeit dazu.«

Als privater Gast nahm der König am Leben der Yanomami teil und verfolgte alles mit größtem Interesse. Wie seine Gastgeber nächtigte er im Landhaus in der Hängematte. »Es war wirklich gut. Es war das erste Mal in meinem Leben. Es war wirklich fein, kein Problem.«

Der König war auch bei den Jagdausflügen der Yanomami dabei, was körperlich ganz schön anstrengend war. Mit großem Interesse verfolgte er, wie mit nachgemachten Tierlauten die mögliche Beute angelockt wurde. Zurück im Dorf gab's Essen für alle. Auch für den hohen Gast.

Welchen Eindruck er vom Leben im Regenwald hatte? »Es sieht so aus, als ob sie glücklich seien, wie die Dinge sind. Das Leben hat hier ein sehr langsames Tempo, daran haben wir uns aber auch schnell gewöhnt. Sie sind glücklich, wie sie leben.«

Glücklich war auch der König, als er nach einigen Tagen den Stamm wieder verließ. Für kurze Zeit hatte sich das Interesse der Öffentlichkeit auf das Leben der Yanomami und ihren bedrohten Lebensraum, den Regenwald, gerichtet.

Bekannt ist des Königs Leidenschaft für das Segeln. Als Regattasegler vertrat er Norwegen 1964, 1968 und 1972 bei den Olympischen Spielen. 2018 begeisterte der 81-Jährige die Bewohner von Langenargen bei der Segler-Weltmeisterschaft der Acht-Meter-Klasse am Bodensee mit seiner offenen Art. Der König war der prominenteste Teilnehmer der insgesamt 23 gemeldeten Teams. Zu Ehren des königlichen Gastes wehte in Langenargen während seines rein privaten Besuchs die norwegische Flagge. König Harald hatte angekündigt, die ganze Weltmeisterschaft mitzusegeln – also sieben Tage. Ihm liegt das Segeln im Blut. 1987 holte er in Kiel den ersten Weltmeistertitel. 2008 wurde er mit 71 Jahren erneut Weltmeister – mit der 1938 gebauten »Sira«, mit der er auch auf dem Bodensee teilnahm. In der Endwertung schaffte es der König 2018 immerhin auf Platz 5.

Am 17. Jänner 1991 hatte König Harald mit dem Wahlspruch »Alt for Norge« (Alles für Norwegen) die Nachfolge seines Vaters angetreten. Anlässlich seines 25-jährigen Thronjubiläums im Jahr 2016 überraschte er mit einer sehr emotionalen Rede. Eingeladen waren jeweils 50 Menschen aus den norwegischen Grafschaften und Svalbard. Der König sprach sich angesichts der Millionen Menschen, die sich auf der Flucht befinden, für ein tolerantes, weltoffenes Norwegen aus. »Norwegen – das sind in erster Linie Menschen. Norweger sind Nordlendinger, Tröndere, Sörlendinger [Bewohner des Nordens, des Zentrums und Südens Norwegens] und Menschen von all den anderen Regionen. Norweger sind auch Immigranten aus Afghanistan, Pakistan, Polen, Schweden, Somalia und Syrien. Meine Großeltern sind vor 110 Jahren von Dänemark und England eingewandert. Es ist nicht immer leicht, zu sagen, woher wir kommen und welcher Nationalität wir angehören. Das, was wir als Zuhause bezeichnen, ist dort, wo unser Herz ist, und es kann nicht immer innerhalb nationaler Grenzen liegen. [...] Norweger sind Mädchen, die Mädchen lieben, Jungen, die Jungen lieben, und Mädchen und Jungen, die einander lieben. Die Norweger glauben an Gott, Allah, alles und nichts. Norweger mögen Grieg und Kygo [norwegischer DJ], Hellbillies [norwegische Rockband] und Kari Bremnes [eine der populärsten Sängerinnen Norwegens]. Mit anderen Worten: Norwegen seid ihr! Norwegen sind wir! Wenn wir *Ja vi elsker dette landet* [›Ja, wir lieben dieses Land‹, die Nationalhymne] singen, müssen wir uns daran erinnern, dass wir auch über uns singen, denn wir sind es, die das Land ausmachen. Deshalb ist unsere Hymne auch eine Liebeserklärung an das norwegische Volk.

Meine größte Hoffnung für Norwegen ist, dass wir in der Lage sind, aufeinander aufzupassen, dass wir dieses Land auf der

Grundlage von Vertrauen, Gemeinschaft und Großzügigkeit weiter aufbauen. Damit wir das Gefühl haben, dass wir trotz unserer Unterschiede ein Volk sind, dass Norwegen eins ist.«

König Harald V. von Norwegen, der seit dem Tod seines Vaters 1991 regiert, hat bislang keine Ambitionen, den Thron seinem Sohn Haakon zu überlassen. Inzwischen 83 Jahre alt, ist er zwar gesundheitlich angeschlagen, von einer Krebserkrankung hat er sich jedoch sichtlich erholt. Mehrmals schon musste er seinem Sohn Haakon die Amtsgeschäfte übergeben. Abdanken will er nicht: König bleibt man bis ans Lebensende, findet er. So hat es auch sein Vater, König Olav V., gehandhabt, der von 1957 bis zu seinem Tode regierte. Kronprinz Haakon muss warten.

Großvater Harald gilt als stiller Monarch.
Wie wird wohl Ingrid in ferner Zukunft das Land regieren?

Für Kronprinz Haakon galt noch die männliche Thronfolge

Prinzessin Ingrid Alexandra steht in der Thronfolge hinter ihrem Vater, Kronprinz Haakon, auf Platz zwei. Der für Haakon und seine Schwester Märtha Louise noch geltende Vorrang männlicher Thronfolger wurde ab 1991 abgeschafft. Eine Gesetzesänderung besagt, dass ein männlicher Nachkomme einem weiblichen nicht mehr vorgezogen wird. Da die Regelung nicht rückwirkend gilt, ist das erste Mitglied der königlichen Familie, für das sie in Kraft tritt, Prinzessin Ingrid Alexandra, die Tochter von Kronprinz Haakon. Sie hat also Vorrang vor ihrem jüngeren Bruder Prinz Sverre Magnus.

Die gesetzliche Erbfolge des norwegischen Throns wird durch Artikel 6 der norwegischen Verfassung geregelt: Die Thronfolge ist linear und agnatisch, sodass nur ein in gesetzlicher Ehe geborenes Kind der Königin oder des Königs oder eines selbst Nachfolgeberechtigten die Nachfolge antreten kann, und so, dass die nähere Linie der entfernteren und der Ältere in der Linie dem Jüngeren vorangeht. Zu den Nachfolgeberechtigten wird auch das ungeborene Kind gerechnet, das sofort nach seiner Geburt den ihm gebührenden Platz in der Thronfolge einnimmt. Für die vor 1971 Geborenen soll jedoch Artikel 6 dieser Verfassung gelten, so wie er am 18. November 1905 verabschiedet wurde. Für die vor dem Jahr 1990 Geborenen gilt dennoch, dass der Mann Vorrang vor der Frau haben soll.

Artikel 6 der ursprünglichen Verfassung von 1905 hatte nur Männer in der Thronfolge zugelassen. Daher sind König Haralds Schwestern, die 1930 geborene Ragnhild und die um zwei Jahre jüngere Astrid, und ihre Nachkommen von der Thronfolge ausgeschlossen.

Für die ab 1971 Geborenen gilt, dass der Mann das Vorrecht gegenüber der Frau hat. Somit ist Prinzessin Märtha Louise (geboren 1971) hinter ihrem jüngeren Bruder Haakon und seinen Nachkommen platziert.

Ingrid Alexandra ist auch in der britischen Thronfolge vertreten, dort hat sie den 67. Rang erklommen, allerdings hinter ihrem leiblichen Bruder Sverre Magnus. Im Gegensatz zu Norwegen sehen die Regeln der britischen Thronfolge immer noch vor, dass die Söhne in Reihenfolge ihrer Geburt vor den Töchtern ein Anrecht auf den Thron haben.

Ein freies Leben auch mit der Bürde des Throns

Haakon und Mette-Marit möchten der zukünftigen Thronerbin Ingrid eine ganz normale Kindheit ermöglichen. Was angesichts ihres Standes spätestens bei der Wahl eines potenziellen Heiratskandidaten nicht ganz so wie geplant ablaufen wird können.

Am 19. August 2010 fand die festliche Einschulung von Prinzessin Ingrid Alexandra statt. Ihre Königliche Hoheit besuchte bis 2014 mit Bürgerkindern die öffentliche Jansløkka-Schule in Asker, einem Vorort von Oslo. Die Sechsjährige war das erste Mitglied des norwegischen Königshauses in einer Schule fernab der Hauptstadt Oslo.

Ab 2014 ging Ingrid Alexandra in eine Privatschule. »Als Eltern müssen wir die Entscheidungen treffen, von denen wir glauben, dass sie für unsere Kinder am besten sind«, teilte das Kronprinzenpaar über die Pressesprecherin des Hofes mit. Für Prinzessin Ingrid Alexandra sei es »für ihre zukünftige Rolle sehr

rinzessin
ngrid: die
Möglichkeit
ines freien
ebens auch
it der Bürde
es Throns

wichtig, dass sie fließend Englisch spricht«. An der Oslo International School, die die Prinzessin ab da besuchte, wird auf Englisch unterrichtet. Pro Jahr kostete die Ausbildung laut der Website der Schule 187 500 norwegische Kronen (rund 23 000 Euro).

Nach der Entscheidung für diese Schule hagelte es auch Kritik: »Ich finde, es ist eine Schande«, zitierte die Zeitung *Aftenposten* den Bildungspolitiker Torgeir Knag Fylkesnes von der sozialistischen Linkspartei. Es sei immer Tradition des norwegischen Königshauses gewesen, die öffentlichen Schulen zu unterstützen.

Am Samstag, dem 31. August 2019, feierte Ingrid Alexandra Konfirmation. Ein wichtiges Ereignis für die 15-Jährige, da sie als Thronfolgerin den evangelisch-lutherischen Glauben annehmen muss. Auch wenn der König seit der Verfassungsänderung des Staatskirchenrechts vom 21. Mai 2012 nicht mehr formelles Oberhaupt der Kirche ist, muss er sich zum evangelisch-lutherischen Glauben bekennen. Daher werden im Königshaus mit Wikinger-Tradition mit der Konfirmation die Weichen für die spätere Thronübernahme von Ingrid Alexandra gestellt.

Ort der Konfirmation war die Schlosskapelle in Oslo, wo Ingrid Alexandra auch getauft worden war. Bei dieser Gelegenheit gab es ein Wiedersehen mit einigen ihrer vielen Taufpaten.

Kein Wiedersehen hingegen wird es im Schuljahr 2020/21 mit ihren Klassenkameraden der Oslo International School geben. Auf eigenen Wunsch möchte Ingrid Alexandra die Schule im noblen Osloer-Vorort Bekkestua verlassen. Das gab der Palast auf seiner Website bekannt. Ab Herbst 2020 besucht Prinzessin Ingrid Alexandra die gymnasiale Elvebakken Videregående Skole im Osloer Stadtteil Grünerløkka. Die Schule genießt einen hervorragenden Ruf, gehört sie doch zu den besten weiterführenden Schulen Oslos. Bekannt ist sie vor allem für ihr kreatives Umfeld. Laut Auskunft des Hofes wird die Prinzessin die Fachrichtung

»Studiespesialisering« belegen, als Vorbereitung für ein späteres Studium.

Die Regentin in spe praktiziert mit diesem Schulwechsel jetzt schon Bürgernähe. Das ist dem Königshaus willkommen, hat es doch immer wieder betont, dass der royale Nachwuchs möglichst normal aufwachsen soll.

Die sechsjährige Prinzessin Ingrid, ein Outdoor-Kind, liebt Skifahren, Schwimmen und Surfen.

Für Prinzessin Ingrid Alexandra hat die Ausbildung zur Königin bereits begonnen. Darin wird die Jugendliche auf ihre Rolle als Kronprinzessin und Königin Norwegens vorbereitet. Zudem steht sie im Austausch mit internationalem royalem Nachwuchs, um für die Zeit der Führungsverantwortung gerüstet zu sein. Die

Zeit drängt nicht, denn noch hält ihr Großvater, König Harald, das Zepter fest in der Hand. Ruhig und besonnen steht er alle Erschütterungen durch, die ihn vor allem als Vater fordern.

Mit Aufregungen im Königshaus aufgewachsen

Der Szene-Poet Ari Behn machte alle Höhen und Tiefen mit, als Anfang der 2000er-Jahre bekannt wurde, er wolle die norwegische Prinzessin Märtha Louise zur Frau nehmen. Behn war kein unbeschriebenes Blatt. Er galt in der Königsfamilie als umstritten, nachdem er in einem Fernsehfilm zusammen mit kokainschnupfenden Prostituierten aufgetreten war.

Anders war sie schon immer, Haakons Schwester Märtha Louise. Sie lebte stets, wie es ihr beliebte, und sie liebte, wen sie wollte. Doch das war die Krönung: Der adelige Nachwuchs liebte jetzt wildliberal. Die norwegische Prinzessin befreite ihren Bräutigam, den Schriftsteller Ari Behn, aus der bürgerlichen Idylle, als sie am 24. Mai 2002 Ja zu ihm sagte. Bei ihrer Hochzeit vergoss sie viele Freudentränen. Immer wieder griff sie zum Taschentuch. Ein einziges Taschentuch für viele Gefühlsausbrüche.

Nach der Hochzeit stand Ari Behn nicht im Dienst der Norwegischen Krone. Auf diese Weise hatte er keinerlei Behinderung oder Auflagen, was seine weitere Berufsausübung betraf. Märtha Louise tauschte ihre Prinzessinnenrolle am Hof mit einer bürgerlichen Karriere als Kulturvermittlerin gegen Honorar. Sie verzichtete mit der Hochzeit mit dem bürgerlichen Schriftsteller auf ihre jährliche Apanage von rund 500 000 Euro. Das schuf einen größeren Abstand zur konstitutionellen Rolle des Königshauses. König Harald V. entzog Märtha Louise – nach Absprache mit ihr – den Titel »Königliche Hoheit«, den Titel »Prinzessin« trägt sie jedoch weiterhin. So ist sie auch anzusprechen. Die Kinder der beiden dürfen keinen royalen Titel tragen. Allerdings sind die Plätze in der Thronfolge von dieser Änderung nicht betroffen.

Das erste Enkelkind von Norwegens König Harald wurde am 29. April 2003 geboren. »Ich bin total fertig, die Geburt war ein Erlebnis. Und Maud Angelica ist stattliche 48 Zentimeter groß. Ich werde alles tun, dass sich meine kleine Familie wohlfühlt«, meinte der überglückliche Vater Ari Behn zur Presse. Und Märtha Louise ergänzte: »Jetzt ist Maud Angelica endlich da. Ich weiß noch nicht, welche Veränderungen das alles mit sich bringt. Aber ich kann nur eines sagen, wir sind sehr, sehr glücklich.«

In den folgenden Jahren wurde die kleine Familie größer und Ari Behn Vater von drei Töchtern. Prinzessin Märtha Louise nahm ihre Aufgaben innerhalb des Königshauses wahr und entwickelte ihren Hang zum Übernatürlichen weiter. 2007 gründete die Prinzessin gemeinsam mit ihrer Freundin Elisabeth Nordeng in Oslo die Firma »Astarte Education«, die später in »Soulspring« umbenannt wurde. Dort konnte man Kurse im Handauflegen und zur Selbstheilung buchen und lernen, mit Engeln in Kontakt zu treten. Gegen Bezahlung von 3000 Euro wollte Märtha Louise ein Jahr lang Interessenten Kontakte zu Engeln vermitteln. Ein Versprechen überirdischer Begegnungen gegen Bargeld. »Für mich sind Engel zwar nicht physisch vorhanden, aber ich sehe Dinge und höre Dinge, die nicht jeder sieht oder hört.« Namhafte Vertreter der norwegischen Kirche kritisierten vor allem die angebliche Kommunikation mit Toten, was gegen den christlichen Glauben verstoße, für den das norwegische Königshaus stehe. Die Prinzessin sah sich massiver Kritik ausgesetzt, auch weil sie die Telefonnummer des Königspalastes als Firmenkontakt angegeben hatte. »Ich bin froh, dass ich nicht vor 100 Jahren gelebt habe. Damals hätte man mich sicher auf dem Scheiterhaufen verbrannt.«

2010 brachte Märtha Louise ihr erstes Buch, *Schutzengel begleiten dich,* heraus, zwei Jahre später folgte das gemeinsam mit Elisabeth Nordeng verfasste Werk *Engel und ihre Geheimnisse.* »Wir versuchen, so konkret und verständlich wie möglich zu schreiben. Es ist das, was wir tatsächlich selbst erleben. Als ich das erste Mal meinen Schutzengel getroffen habe, habe ich ihn nicht gesehen, aber es gab diesen Rosengeruch«, erzählte Autorin Märtha Louise. »Ich spürte die Anwesenheit dieses Schutzengels, eine Anwesenheit, die von Liebe erfüllt war. Das war sehr stark, und ich konnte es nicht ignorieren. Ich musste es ernst nehmen und als etwas Normales in mein Leben integrieren. Ja, ich bin eine Prinzessin, und ich bin, wie ich bin. Jeder hat ein Recht darauf, so zu sein, wie er ist, und sein Leben so zu leben, wie er es leben möchte. Ich habe dieses Recht wie jeder andere in Norwegen auch.«

Allen Widerständen zum Trotz florierte Märtha Louises unter dem Namen »Engelsschule« bekannte Firma bald. Die norwegische Boulevardzeitung *Dagbladet* berichtete 2017, »Soulspring« habe 2016 einen Umsatz von 3,7 Millionen norwegischen Kronen (rund 395 000 Euro) gemacht. Seit der Gründung habe Märtha Louise mit ihrer Geschäftspartnerin Elisabeth Nordeng knapp 22 Millionen Kronen (2,4 Millionen Euro) umgesetzt. Auch ihre Bücher vermarkteten die beiden Businessfrauen selbst weltweit.

Der norwegische Politikwissenschaftler Trond Nordby kritisierte, Märtha Louise würde ihren Prinzessinnen-Titel missbrauchen: »Sie selbst kann in ihrer Naivität leben. Aber wenn sie ihren Titel kommerziell verwertet, ist das nicht in Ordnung.« Märtha Louise verteidigte sich: »Ich bin nun einmal Prinzessin. Das kann ich nicht aus meinem Leben streichen.«

Die Ehe mit dem Schriftsteller Ari Behn indes blieb auf der Strecke. Im August 2016 gaben die beiden bekannt, dass sie fortan getrennte Wege gehen würden. Ein offizieller Scheidungstermin wurde nie bekannt gegeben. In der Biografie von Märtha Louise auf der Website des Königshauses steht lapidar: »Das Paar wurde 2017 geschieden.«

Am 14. September 2018 meldete die norwegische Prinzessin, sie werde im Sommer 2019 ihre Engelsschule schließen. Es seien »Energien« entstanden, die die beiden Schulgründerinnen nun in unterschiedliche Richtungen lenken würden, schrieb die Prinzessin. Die Untertanen konnten sich aber schon auf ihr nächstes Projekt freuen. Die Pferdeliebhaberin plante, interessierten Landsleuten auf ihrem neu gegründeten YouTube-Kanal »Hest360« alles beizubringen, was man über Pferde lernen kann.

Doch dann traf Märtha Louise auf einen Gleichgesinnten. Seit Frühling 2019 ist sie mit dem amerikanischen Schamanen Durek Verrett liiert. Seiner eigenen Website zufolge ist Durek ein spiritueller Führer und Heiler.

Als Märtha Louise ihren Freund als Geschäftspartner auf einer Tournee mit dem Workshop *Activating Divinity* (Aktiviere das Göttliche in dir) begleitete und sein Programm unter dem Titel *Die Prinzessin und der Schamane* bewarb, gingen die Wogen hoch. Der norwegische Königshof musste sich mit der Frage auseinandersetzen, wie Märtha Louise ihren Titel einsetzen darf. Auf der offiziellen Website des Königshauses wurde die Entscheidung bekannt gegeben: »Die Prinzessin wird ihren Titel weiterhin in privatem Zusammenhang und wenn sie das Königshaus repräsentiert, benutzen. Im Rahmen von geschäftlichen Tätigkeiten darf sich Märtha Louise allerdings nicht mehr Prinzessin nennen.«

Doch diese Entscheidung brachte keine Ruhe. Der Schamane veröffentlichte pikante Details aus seinem Sexleben mit Märtha

Louise und brachte ein Buch auf den Markt, in dem er kontroverse Ansichten über Krebs verbreitete. So behauptete Verrett etwa, dass man Krebs nur »auf eigenen Wunsch bekommt«. Der Verlag stoppte die Veröffentlichung und Kronprinz Haakon sah sich zu einem öffentlichen Kommentar bewegt: »Mein Ausgangspunkt ist, dass wir in diesen Fragen einen ganz anderen Ansatz verfolgen. Ich stütze mich wahrscheinlich eher auf die Forschung über Gesundheit und das norwegische Gesundheitssystem.«

Verrett sprach von Mobbing der norwegischen Medien: »Sie mobben meine Liebste, sie mobben mich, um ihre Zeitungen zu verkaufen. Es ist eine Schande. Sie wollen nicht, dass die Menschen die Wahrheit erfahren!«

Überraschenderweise bekam die Prinzessin Unterstützung durch ihren Exmann Ari Behn. »Sie steht fest im Leben und ist ihrer Zeit voraus.«

Doch zu Weihnachten 2019 ist diese Stimme verstummt. Ari Behn nahm sich im Alter von 47 Jahren das Leben.

Vater Haakon – der gleiche Trotzkopf wie Großvater Harald

Kronprinz Haakon ist in Sachen Privatleben nicht weniger aufmüpfig. Ab 1980 besuchte er eine Schule in Smestad. Ab 1992 absolvierte er die gymnasiale Oberstufe des Kristelig Gymnasiums (Christlichen Gymnasiums) in Oslo. Bei der norwegischen Marine absolvierte der Thronfolger seinen Militärdienst. Ab 1996 studierte er in den USA an der Universität von Berkeley in Kalifornien Politikwissenschaft, wo er seinen Bachelor ablegte. Ab 1999 studierte er Recht an der Universität Oslo.

Das Medieninteresse war groß, als das norwegische Königshaus am 1. Dezember 2000 spontan zu einer Pressekonferenz bat. Die Hauptrollen spielten der 27-jährige Kronprinz und seine gleichaltrige Freundin Mette-Marit. »Herzlich willkommen zur Pressekonferenz«, begann Haakon. »Ich möchte die Verlobung mit meiner Mette-Marit offiziell bekannt geben. Wir werden am 25. August 2001 heiraten. Ich habe ein ausgezeichnetes Verhältnis zu Mette-Marits Sohn Marius. Wir werden eine glückliche Familie sein.«

Mette-Marits offizielle Vorstellung erregte Aufsehen. Das ausschweifende Leben der alleinerziehenden Mutter wurde zum Skandal aufgebauscht. Von Drogen und Alkohol war die Rede. Doch sie trat die Flucht nach vorn an und meldete sich zu Wort: »Ich verstehe, dass sich Leute Sorgen wegen meiner Vergangenheit machen. Ich hoffe aber, dass man mich als die Person sehen kann, die ich bin.«

Die Trauungszeremonie war sehr emotional und geprägt vom »Mette-Marit-Kuss«, der viele Nachahmer finden sollte: Sanft zog sie ihren Mann zu sich und küsste ihn.

Bürgerlich-adelige Liebesgeschichten bedeuten oft Widerstand, Familienstreit und gebrochene Herzen. Wir kennen das aus der jüngeren Geschichte am englischen Königshof.

Im Juli 1953 kamen Gerüchte auf, der Fliegeroffizier Peter Townsend habe eine Romanze mit der jüngeren Schwester der Queen, Prinzessin Margaret. Im März 1955 verdichtete sich die Flüsterpropaganda, eine Hochzeit stehe unmittelbar bevor. Doch das wahre Problem war nicht seine bürgerliche Herkunft, sondern dass er geschieden war. Am 31. Oktober 1955 erklärte Margaret auf Druck ihrer Schwester und der britischen Regierung ihren Verzicht auf die Heirat. Es war ihr nicht erlaubt, den Mann zu heiraten, den sie liebte. Aber sie war auch nicht bereit, auf das

Königshaus zu verzichten – auf ihre Autorität und auch auf die Apanage. Das waren offensichtlich ihre Beweggründe, sich gegen Peter Townsend zu entscheiden.

Fünf Jahre später, 1960, verlobte sie sich mit Anthony Armstrong-Jones, den sie als Lord Snowdon am 6. Mai 1960 heiratete. Mit den beiden Kindern David und Sarah schien ihr Glück perfekt zu sein. Margaret stürzte sich in ein Leben voller Partys, hatte sie doch das Glück ihres Lebens dem Ansehen der Krone geopfert.

Man vergisst gerne, was für eine »Rock'n'Roll«-Prinzessin Margaret war. Sie fühlte sich im Jetset wohl, war sehr eng mit dem Schauspieler Peter Sellers befreundet und mit der ganzen Szene der 1960er-Jahre. Sie feierte wilde Partys, war dem Alkohol nicht abgeneigt und tanzte mit jedem gut aussehenden Mann.

Lord Snowdon und Prinzessin Margaret ließen sich am 5. Juli 1978 scheiden. Es war die erste Scheidung im englischen Königshaus seit 450 Jahren. Danach meinte Margaret: »Eines steht fest: Meine große Liebe Peter Townsend habe ich umsonst geopfert!« Eine vernichtende Aussage für den Ex-Ehemann Lord Snowdon.

Wie sehr Mette-Marit im Haus ihrer Schwiegereltern willkommen war, zeigte die Rede von König Harald bei der Hochzeit am 25. August 2001: »Du bist keine gewöhnliche junge Frau, sondern ein außergewöhnlicher Mensch. Du bist außergewöhnlich aufgeschlossen und ehrlich, außergewöhnlich engagiert. Du hast eine große Willensstärke und bist sehr mutig. Heute hast du eine außergewöhnliche Wahl getroffen, und du bist außergewöhnlich verliebt in Haakon.«

König Harald wusste, wovon er sprach. Er selbst musste ja, wie erwähnt, jahrelang auf das Einverständnis seines Vaters, König Olav V., zur Hochzeit mit seiner bürgerlichen Sonja warten.

Nach der Heirat lebte das Paar von 2002 bis 2003 in London, wo Haakon seinen Master in internationaler Politik ablegte. Mitten hinein platzte die Nachricht über Familienzuwachs beim Kronprinzenpaar. Thronfolgerin Ingrid Alexandra wurde am 21. Jänner 2004 geboren, ihr Bruder Sverre Magnus am 3. Dezember 2005.

Heute lässt sich erfolgreiche Heiratspolitik nicht mehr planen. Die Adeligen lieben, wen sie wollen. Und den Königshäusern Europas scheint die Öffnung zum Bürgertum nicht zu schaden. Seitdem das Märchen vom Aschenputtel Wirklichkeit geworden ist, begeistern sich mehr Menschen denn je für die Welt der Royals.

Norwegens nächste Königin wird mit Mette-Marit eine Frau aus dem Volk sein, mit all ihren Schwächen und Stärken. Ihre Stärke bewies die 45-Jährige im Oktober 2018, als sie in den Abendnachrichten *Dagsrevyen* erklärte: »Ich habe eine chronische Lungenfibrose.« Ein weiterer Schicksalsmoment in einem bewegten Leben.

Die Aufgaben am Königshof sind klar aufgeteilt

Eine wichtige Aufgabe der Kronprinzessin von Norwegen sind Charity-Projekte. So unterstützt Mette-Marit zum Beispiel die Jugend im Kampf gegen Aids. In dieser Funktion besuchte sie die Internationale Aids-Konferenz in Wien im Juli 2010. Für mich eine Gelegenheit, sie persönlich zu treffen. »Ich sehe meine Rolle darin, die Probleme der Jugend hervorzuheben. In den letzten drei Jahren galt mein Hauptaugenmerk den jungen UNAIDS-Führungskräften und vor allem der Frage, wie wir sie unterstützen können. Vor zwei Jahren habe ich eine Konferenz für junge Führungskräfte in Norwegen organisiert. Ich setze mich schon seit geraumer Zeit für diese Sache ein und freue mich, dass ich hier viele meiner Freunde treffen und mit ihnen diskutieren kann, wie wir unsere Arbeit intensivieren können.«

Ihre Rolle hat sie gefunden, die dereinst unerwünschte, da nicht standesgemäße Mette-Marit.

Auch Königin Sonja engagiert sich neben ihren repräsentativen Pflichten bei öffentlichen Auftritten an der Seite von König Harald für die norwegische Kultur und humanitäre Hilfsprojekte. Seit 1974 sammelt Sonja Geld für notleidende Kriegsflüchtige. 2010 war sie Schirmherrin einer Spendenaktion des norwegischen Flüchtlingsrates. Der UN-Flüchtlingskommissar zeichnete sie dafür mit dem Nansen-Flüchtlingspreis aus. Zwischen 1987 und 1990 war Königin Sonja darüber hinaus Vizepräsidentin der norwegischen Sektion des Roten Kreuzes.

Zu Haralds königlichen Aufgaben zählen der Empfang neuer Botschafter, die formelle Nominierung der Regierung und die Parlamentseröffnung. Außerdem besitzt er im Gegensatz zu anderen europäischen Monarchen ein Vetorecht bei der Gesetzgebung.

2008 einigte sich das norwegische Parlament auf ein Gesamtpaket zur Reform der Norwegischen Kirche. Das Verhältnis von Staat und Kirche wurde neu geregelt. Die notwendige Verfassungsänderung erfolgte am 21. Mai 2012. Nun ist der König nicht länger Oberhaupt, er und seine evangelisch-lutherischen Minister bilden nicht länger den »kirkelige statsråd« (Staatskirchenrat).

Haralds Sohn Haakon engagiert sich seit 2003 als Goodwill Ambassador innerhalb des United Nations Development Programme und reiste in dieser Funktion in Länder wie Tansania, Kambodscha, Sierra Leone und Guatemala.

Die königlichen Residenzen sind eher bescheiden

Das königliche Schloss in der Hauptstadt Oslo wirkt im europäischen Vergleich bescheiden. Es zählt zu den kleineren Residenzen Europas – und das trotz seiner 173 Räume. Das Schloss befindet sich im Staatsbesitz, wird dem norwegischen König zur Verfügung gestellt und hat mehrere Funktionen: Es dient als Königsresidenz, es erfüllt seine Zwecke im Rahmen der Verwaltung der Monarchie und ist beliebt für Repräsentationszwecke. Die Residenz repräsentiert einen wichtigen Teil des nationalen Erbes. Hier befinden sich die Büros von König Harald V. und Königin Sonja, Kronprinz Haakon und Kronprinzessin Mette-Marit. Jeden Freitag trifft sich um 11 Uhr das Kabinett mit dem König im Saal des Staatsrats. Seit dem Jahr 2000 finden von Juni bis August Führungen durch das Schloss statt. Im Zuge der Generalsanierung wurde für das Königspaar eine moderne Wohnung im zweiten Obergeschoß eingerichtet.

König Harald V. wohnte nach seiner Heirat weiter in seinem Geburtshaus, Gut Skaugum in Asker. Die Geschichte des Gutshofes reicht bis ins Mittelalter zurück. 1929 wurde das Anwesen ins Privateigentum der norwegischen Königsfamilie übertragen. Derzeit bewohnt das Kronprinzenpaar Haakon und Mette-Marit den Besitz. Sie sind auch für den Betrieb verantwortlich.

In der drittgrößten Stadt Norwegens, in Trondheim, steht eines der größten Holzhäuser Skandinaviens, Stiftsgården, das von 1774 bis 1778 als Privatwohnung erbaut wurde. Seit 1818 König Karl III. Johan hier gekrönt wurde, finden in Stiftsgården die Festivitäten anlässlich von Krönungen beziehungsweise Segnungen der Regenten statt. Zur offiziellen Residenz des Königs in Trondheim wurde es mit der Krönung von König Haakon und Königin Maud im Jahr 1906.

Auf der Halbinsel Bygdøy, einem Stadtteil von Oslo, befindet sich das Schloss Oskarshall. Es wurde von 1847 bis 1852 für den damaligen norwegischen König, Oskar I., errichtet. Doch schon elf Jahre später wurde die Residenz von seinem Sohn, Karl IV. an den norwegischen Staat übertragen, der es für das norwegische Königshaus verwaltet. Im Sommerhalbjahr sind die Pforten für die Besucherströme geöffnet.

Ingrid – Norwegens erste Königin

Ingrids Eltern versuchten stets, ihr Kind vor zu großem Druck zu schützen. »Ingrid ist in erster Linie ein Kind, das zur Schule geht«, war die klare Haltung von Vater Haakon. »Wenn sie wegen einer Repräsentationsaufgabe angefragt wird, sprechen wir mit ihr und fragen, ob sie es wirklich machen möchte. Die Entscheidung liegt bei ihr.«

Als zukünftige Regentin von Norwegen ist Ingrid Alexandra, die Vorzeige-Prinzessin, auch als Heiratskandidatin begehrt. Die meisten der heute regierenden Herrscher fanden noch adelige Ehemitstreiter. Als »echte Adelige« gelten diejenigen, die ihren Titel von einem Monarchen erhalten haben. Die jüngere Generation wird wohl eher einen Partner direkt aus dem Volk wählen müssen. Die Schlüsselfrage wird sein, wie die Männer dieser Königinnen mit ihrer Rolle umzugehen verstehen. Sie werden nie Könige sein, sondern nur Prinzgemahle, während eine Königin immer Königin ist, egal ob sie angeheiratet ist oder den Thron erbt.

Keine Eile für Prinzessin Ingrid, noch hält König Harald das Zepter fest in der Hand.

Wenn Sie mit Prinzessin Ingrid Alexandra in Kontakt treten wollen, schreiben Sie ihr. Die Anrede lautet schlicht und einfach: Ihre Königliche Hoheit, Prinsessen Ingrid Alexandra.
    Die Adresse:
    Kongelige Slott
    Slottsplassen 1,
    0010 Oslo
    Norwegen

Kronprinzessin Ingrid Alexandra wurde am 21. Jänner 2020 16 Jahre alt. Sie ist die Drittälteste oder Drittjüngste in der Riege der Königinnen der Zukunft.

Kronprinzessin Leonor von Spanien

Leonors Geburt am Montag, dem 31. Oktober 2005, wurde weder mit Salutschüssen noch mit Fanfaren bekannt gegeben. Das Königshaus griff auf das moderne Kommunikationsmittel SMS zurück. Es verschickte an die akkreditierten Journalisten telefonische Kurzmitteilungen. Im Internet ließ es die Domain-Namen mit dem Begriff »Leonor« reservieren.

Die 33-jährige Kronprinzessin Letizia war am Sonntagabend mit Wehen in die Klinik Ruber Internacional gekommen. Dort hatten Ärzte seit Wochen alles für die Geburt vorbereitet. In diesem Krankenhaus hatte auch Infantin Elena ihre beiden Kinder

Die Geburt von Infantin Leonor am 31. Oktober 2005 wurde den Journalisten per SMS bekannt gegeben.

zur Welt gebracht. Kronprinz Felipe von Spanien hatte erklärt, er wünsche sich »mehr als zwei, aber weniger als fünf Kinder«.

Der 37-jährige Kronprinz erlebte die Geburt seiner Tochter selbst mit. Als die Krankenschwestern ihm das Kind in den Arm legten, vergaß er in der Aufregung, darauf zu achten, ob das Baby ein Bub oder Mädchen ist. »Ich habe die Schwestern gefragt«, berichtete der Kronprinz. »Sie haben es mir gesagt.«

Leonor wog nach der Geburt 3,45 Kilogramm und maß 47 Zentimeter. »Dies ist das Schönste, was einem Menschen widerfahren kann«, sagte der glückliche Vater. Die Infantin kam fast drei Wochen zu früh zur Welt. »Als der Geburtsvorgang keine Fortschritte machte, entschlossen wir uns zu einem Kaiserschnitt«, erläuterte der Arzt Ignacio Recasens. Leonor erblickte um 1.46 Uhr das Licht der Welt. Sie ist das siebte Enkelkind des Königspaares. »Das Mädchen ist rund, dicklich und eine kleine Heulsuse«, beschrieb Königin Sofía ihre Enkelin.

Leonor erhielt mit der Geburt den Titel einer Infantin und wird nach dem Protokoll mit »Königliche Hoheit« angesprochen.

Am 25. Februar 2006 bestätigte das Königshaus, dass von Leonors Nabelschnur Blut, das wertvolle Stammzellen enthält, eingefroren wurde und in einer Blutbank in Arizona 15 Jahre lang konserviert werde. Ein Palastsprecher: »Das ist in der Klinik, in der Infantin Leonor zur Welt gekommen ist, ein normaler Vorgang.«

Leonor ist diesbezüglich keine Ausnahme unter den königlichen Babys. Auch von Prinz Christian zu Dänemark wurden Stammzellen eingefroren.

Am 14. Jänner 2006 wurde Leonor im Zarzuela-Palast über einem mit Gold und Silber verzierten Taufbecken aus dem 12. Jahrhundert, das sonst in einem Madrider Kloster steht, getauft. Das Taufbecken wird seit dem 17. Jahrhundert für die christlichen Weihen der direkten Nachfahren der Königsfamilie benutzt. Die Taufe wird mit Wasser aus dem Jordan vollzogen. Und zwar vom Unteren Jordan, die Familientradition der Bourbonen verlangt es so. Auch bei den Habsburgern fügt man dem Taufwasser einige Tropfen Jordanwasser bei – eine subtile Anspielung auf den sakralen Charakter der kaiserlichen Familie.

Leonor trug bei der Taufe dasselbe weiße Kleidchen, das schon Vater Felipe und Großvater Juan Carlos getragen haben. Ihrem Vornamen wurde »de Todos los Santos« hinzugefügt, was so viel heißt wie »von allen Heiligen«.

Leonor trägt dasselbe Taufkleidchen, das schon Vater Felipe und Großvater Juan Carlos getragen haben.

Die Eltern wählten für ihr Kind einen Namen, der früher in Herrscherfamilien häufiger vorkam, zuletzt aber in Spanien weitgehend in Vergessenheit geraten war. In den Jahren vor ihrer Geburt wurden nur 0,03 Prozent der in Spanien geborenen Mädchen Leonor genannt.

Taufpaten waren ihre Großeltern väterlicherseits, König Juan Carlos und Königin Sofía von Spanien.

Kaum hatte es das Licht der Welt per Kaiserschnitt in Madrid erblickt, löste das Kind auch schon eine Diskussion über eine Verfassungsänderung aus. Sollte die Vorrangigkeit männlicher Erb-

Infantin Leonor könnte als Thronfolgerin noch verdrängt werden, wenn sie einen Bruder bekäme.

folge abgeschafft werden? Infantin Leonor könnte als Thronfolgerin verdrängt werden, wenn sie noch einen Bruder bekäme. Laut Verfassung haben männliche Nachkommen in der Thronfolge Vorrang.

Die Regelung der spanischen Thronfolge

Die spanische Thronfolge ist in Artikel 57 der Verfassung des Königreichs Spanien vom 27. Dezember 1978 festgelegt, gebilligt durch die Cortes (Parlamentskammern) in den am 31. Oktober 1978 abgehaltenen Vollversammlungen des Kongresses der Abgeordneten und des Senats, ratifiziert vom spanischen Volk durch das Referendum vom 6. Dezember 1978 und sanktioniert durch den König vor den Cortes am 27. Dezember 1978.

Artikel 57 besagt, dass die Krone Spaniens »an die Nachfolger Seiner Majestät Juan Carlos I. de Borbón, legitimer Erbe der historischen Dynastie, vererbt« wird. »Die Thronfolge richtet sich nach der gewöhnlichen Ordnung der Erstgeburt und Vertretung; hierbei ist die frühere der späteren Linie vorzuziehen, innerhalb derselben Linie der nähere dem ferneren Grad, innerhalb desselben Grades der männliche dem weiblichen Thronfolger und innerhalb desselben Geschlechtes die ältere der jüngeren Person.

Der Kronprinz führt von seiner Geburt oder von dem Zeitpunkt an, in dem die Gegebenheiten seine Berufung veranlassen, den Titel Prinz von Asturien sowie alle weiteren Titel, die traditionsgemäß dem Anwärter auf den Thron von Spanien zustehen.

Im Falle des Erlöschens aller zu Recht erkannten Linien sehen die Cortes Generales (das Parlament) die Art der Thronfolge vor, die die Interessen Spaniens am besten wahrt.

Die Personen, welche Anrecht auf die Thronfolge haben und gegen das ausdrückliche Verbot des Königs und der Cortes Generales eine Ehe schließen, werden von der Anwartschaft auf die Krone ausgeschlossen. Dies gilt für sie selbst und für ihre Nachfolger.«

Eine Änderung des Artikels 57 gilt als »wesentliche Verfassungsänderung«, die nur umständlich durchzuführen ist. Zunächst müssten beide Kammern des Parlaments jeweils mit Zweidrittelmehrheit zustimmen. Anschließend würde das Parlament aufgelöst, nach der Neuwahl müsste das neue Parlament wieder mit Zweidrittelmehrheiten in beiden Kammern zustimmen, danach müsste eine Volksabstimmung durchgeführt werden.

Das Königshaus und die führenden Parteien waren sich im Prinzip seit der Geburt von Infantin Leonor einig, dass der Vorrang männlicher Erben in der Thronfolge abgeschafft werden sollte, sodass Leonor auch dann nach ihrem Vater Thronerbin

Als künftige Oberbefehlshaberin des Militärs wird Leonor einen Crashkurs an der Waffe absolvieren.

wäre, wenn sie einen Bruder bekommen würde. Wegen des komplizierten Verfahrens, das auch Neuwahlen nötig macht, wurde die dazu notwendige Verfassungsänderung jedoch nicht durchgeführt.

Die spanische Verfassung unterscheidet nicht zwischen ehelichen und unehelichen Kindern des Königs. Somit könnte durch einen Vaterschaftstest ein Anspruch auf die spanische Krone für mögliche uneheliche Kinder oder deren Nachfahren begründet werden.

Irgendwann wird Spanien wohl von Infantin Leonor regiert werden. Sie wird die zweite Monarchin sein – nach Isabella II., die von 1833 bis 1877 spanische Königin war. Deren Verheiratung hatte eine europäische Dimension. Bleibt nur zu hoffen, dass Infantin Leonor nicht aus Staatsräson eine Verbindung eingehen muss.

Anders als beispielsweise in den Niederlanden bedarf es in Spanien nicht der ausdrücklichen Zustimmung des Parlamentes zu einer Eheschließung, um die Thronfolge zu erhalten, sondern eines Verbotes, um diese auszuschließen.

Großvater Juan Carlos geht als umtriebiger Monarch in die Geschichte ein

Während Spanien 1938 unter den Unruhen des Bürgerkrieges litt, wurde Juan de Borbón und María Mercedes in Rom ein zweites Kind geboren: Juan Carlos Alfonso Víctor María de Borbón y Borbón kam am 5. Jänner um 1.05 Uhr im Exil in Rom zur Welt.

Juan Carlos' Großvater, Alfonso XIII., war König von Spanien und mit Victoria Eugénie von Battenberg, der Enkelin von Queen Victoria von England, verheiratet. Im April 1931 hatte König Alfonso unter dem Druck der revolutionären republikanischen Kräfte Spanien verlassen. Kurze Zeit später kam es zur Proklamation der Zweiten Republik, das Parlament erkannte Alfonso und seiner Familie das Recht auf die Krone, die spanische Staatsbürgerschaft und alle Besitzungen in Spanien ab. Mit der Hoffnung, dass ihn sein Volk bitten würde, zurückzukehren, ließ er sich völlig desillusioniert mit seiner Familie in Rom nieder.

Als Juan Carlos vier Jahre alt war, verzichtete sein Großvater Alfonso zugunsten seines Sohnes Juan de Borbón auf die Thronfolge. Juan Carlos als ältester Sohn von Juan de Borbón würde sein Erbe sein. Juan Carlos' Erziehung lag während dieser Zeit weitgehend in der Hand seines Hauslehrers, Eugenio Vegas Latapi, mit dem Ziel, einen wahren Christen und Prinzen Spaniens aus ihm zu machen.

Nach dem Bürgerkrieg, aus dem General Franco als Sieger hervorging, beschloss der Diktator 1948, zur Sicherung seiner Nachfolge die Monarchie in Spanien wiedereinzuführen. Franco holte den damals Zehnjährigen nach Spanien, ließ ihn unter seiner Obhut erziehen und schickte ihn auf die besten Schulen und Akademien des Landes. 1957 bis 1959 studierte er an den Militärakademien von Saragossa, Marín und San Javier. In dieser Zeit arbeitete er sich zum Militärpiloten hoch. Anschließend studierte er unter anderem Verfassungs- und internationales Recht sowie Volkswirtschaft.

Am 29. März 1956 kam es zu einem tragischen und bis heute nicht vollständig aufgeklärten Vorfall. Während eines Urlaubs in der Villa Giralda im königlichen Exil in Estoril hantierten der 18-jährige Juan Carlos und sein 14-jähriger Bruder Alfonso mit einem Revolver. Vater Don Juan nahm den beiden Halbwüchsigen die Schusswaffe ab und schloss sie im Waffenschrank ein. Doch die beiden wollten die geplanten Schießübungen fortsetzen und bettelten bei der Mutter um die Herausgabe. Als sie die Waffe wieder in Händen hatten und Juan Carlos versuchte, ein klemmendes Projektil aus dem Lauf zu entfernen, löste sich ein Schuss. Die Kugel traf den kleinen Bruder im Gesicht. Der herbeieilende Vater versuchte, die blutende Wunde zu stillen, doch das Kind war nach wenigen Minuten tot. Wer die Waffe beim Schuss in der Hand hatte, wurde bei offiziellen Verlautbarungen nicht gesagt. Erst viel später wurde bekannt, dass Juan Carlos die Katastrophe ausgelöst hatte.

Zum ersten Mal sah Juan Carlos Sofía von Griechenland 1954 auf der königlichen Yacht »Agamemnon«. Sofías Mutter, Königin Frederike von Griechenland – noch heute spricht man von ihr als die erfolgreichste Kupplerin im Hochadel –, hatte eine Kreuzfahrt organisiert und dazu Söhne und Töchter der europäischen Königshäuser eingeladen. Es handelte sich also sozusagen um einen »schwimmenden Hochzeitsmarkt«. Frederike hatte freilich nur ein Ziel: ihre drei Kinder, Sofía, Konstantin und Irene, gut unter die Haube zu bringen. Dieses Mal allerdings noch ohne Erfolg.

1961 studierte Juan Carlos in Madrid, Sofía arbeitete in Athen. Bei der Hochzeitsfeier einer Tochter des Grafen und der Gräfin von Württemberg in Stuttgart kreuzten sich in jenem Jahr ihre Wege zum zweiten Mal. Und ab da konnten sie nicht mehr voneinander lassen. Juan Carlos schwärmte: »Sie hat mich mit ihrem Charme verzaubert!«

Doch zu jener Zeit machte Kronprinz Harald von Norwegen Sofía den Hof, auch wenn ihr das angesichts der Gefühle für Juan Carlos so gar nicht recht war. Und die Gerüchteküche brodelte auch bei Juan Carlos, er wolle sich mit der Tochter von König Umberto von Italien verloben.

Das Schicksal führte Regie. 1962 heiratete Juan Carlos die gleichaltrige Prinzessin Sofía von Griechenland, die Schwester des im Exil lebenden griechischen Königs Konstantin.

Im Zweiten Weltkrieg war Sofía mit ihren Eltern vor den deutschen Besatzungstruppen zunächst auf das britisch besetzte Kreta geflohen. Als die Insel 1941 durch Hitlers Wehrmacht erobert wurde, reiste die Familie nach Ägypten, später nach Südafrika ins Exil. Während ihrer sechs Jahre im Exil lebte die Familie an 22 verschiedenen Wohnorten. Nach dem Ende des Krieges kehrte Sofía in ihre Heimat zurück. 1947 bestieg ihr Vater als Nachfolger seines verstorbenen Bruders Georg II. den griechischen Thron.

Erzogen wurde die königliche Tochter in Deutschland: Im Elite-Internat Salem am Bodensee ging sie zur Schule, unter den wachsamen Augen ihres Onkels Prinz Georg Wilhelm von Hannover, der das Internat leitete. Zurück in Griechenland, absolvierte Sofía eine Ausbildung als Kinderkrankenschwester und studierte Musik und Archäologie in Athen.

Am 27. November 1975, zwei Tage nach dem Tod des Diktators Franco, bestieg der Prinz als Juan Carlos I. den Thron Spaniens. Er führte die Diktatur Francos nicht fort, sondern wirkte entscheidend an der Demokratisierung des Staates mit. Vor allem seine Rolle zur Stabilisierung des Landes nach dem vereitelten Militärputsch 1981 wird ihm vom Volk bis heute hoch angerechnet. Als sich die spanische Demokratie gefestigt hatte, spielte der König weitgehend nur noch eine symbolische Rolle. Er reiste als oberster Botschafter seines Landes durch die Welt und einte die Nation inmitten der Abspaltungstendenzen der Basken und Katalanen.

Juan Carlos und Sofía haben drei Kinder: Elena, Cristina und Felipe. Der König und die Königin waren stets bemüht, ihnen eine möglichst unbeschwerte Jugend zu gewährleisten und sie möglichst bürgerlich zu erziehen. Die Königsfamilie lebt im Zarzuela-Palast bei Madrid, der ihr nicht gehört, sondern sich im Besitz des Staates befindet.

Schul- und Lehrjahre einer Infantin

Während die Vorfahren der jungen Royals meist noch von Privatlehrern und Gouvernanten großgezogen wurden, wachsen Königskinder heute so normal wie möglich auf. Infantin Leonor begann ihre Schulausbildung 2008 am exklusiven Colegio Santa María de los Rosales im Madrider Stadtteil Aravaca wie dereinst

Königin Letizia gilt als strengste aller royalen Mütter. Sie rationiert Süßigkeiten und Fernsehen.

ihr Vater Felipe. Bei ihrer Einschulung bekamen sie die Spanier zum ersten Mal in der obligatorischen Uniform zu sehen: grauer Rock, weißes Polohemd und blauer Pullover.

Ihre zwei Jahre jüngere Schwester Sofía von Spanien startete 2010 wie davor ihre große Schwester mit dem Besuch der Vorschule an derselben Lehranstalt ihre Ausbildung. Der Unterricht dauerte schon von 9.30 bis 17.30 Uhr. »Ich passe auf sie auf«, sagte Leonor an Sofías erstem Schultag in die Fernsehkameras.

Und dann begaben sich die beiden Mädchen und ihre Eltern medienwirksam in die Schule.

Königin Letizia gilt als strengste aller royalen Mütter. Sie rationiert Süßigkeiten und Fernsehen, macht Gymnastik mit ihren Töchtern. Für Leonor geht's nach der Schule sofort weiter mit dem Unterricht. Sie wird von einem Privatlehrer ins Hofprotokoll eingewiesen, muss Katalanisch und Baskisch büffeln. Sie spricht neben den Amtssprachen ihres Landes Englisch, lernt Französisch und Arabisch. Als künftige Oberbefehlshaberin des Militärs wird die Kronprinzessin in absehbarer Zeit einen Crashkurs an der Waffe absolvieren.

Zu Terminen kommen die spanischen Royals grundsätzlich mit beiden Töchtern, um ein wenig Last von Leonor zu nehmen.

So unterschiedlich sie auch sein mögen, eines eint heute alle Mini-Royals: Sie haben Eltern, für die das Glück ihrer Kinder mindestens so wichtig ist wie das Ansehen der Krone. Und in der strengen Welt der Monarchien ist das doch ein wunderbarer Fortschritt.

2018 teilte das spanische Königspaar ganz offiziell mit, dass ihre beiden Töchter Leonor und Sofía den ganzen Juli in einem Sommerlager in den USA gemeinsam mit Buben und Mädchen aus verschiedenen Ländern und Kulturen verbringen werden. Das Königspaar hoffte, dass die beiden während ihrer Zeit in den Staaten neues Wissen und neue Erfahrungen erwerben.

Leonor und Sofía kehrten rechtzeitig zurück, um mit ihren Eltern ihren Familienurlaub auf Mallorca zu verbringen. Eine Tradition, die schon lange gepflegt wird. Felipe, Letizia und ihre Töchter haben nie einen Sommerurlaub auf der spanischen Insel verpasst und posieren alljährlich für offizielle Familienfotos vor ihrer Sommerresidenz, zur Freude königlicher Fans auf der ganzen Welt.

Die Skandale am Königshof reißen nicht ab

Doch auch Strahlebilder können über Sündenfälle und Sexgeschichten nicht hinwegtäuschen. Skandale, sie liefern Gesprächsstoff. Und man kann sich über sie aufregen – zumindest für eine kurze Zeit, über die großen und kleinen Dramen der Royals, die aus der Rolle fallen.

Ihre wahren Neigungen geben die Adeligen dieser Welt nicht gleich zu erkennen. Sie agieren im Geheimen. Und oft kommen die nicht bekannten Seiten ihres Wesens erst viel später ans Licht der Öffentlichkeit. Aufsehenerregende Ärgernisse, deren Vertuschung nicht immer gelingt. Aber auch Skandale sind vergänglich, wenn da nicht immer an neuen gearbeitet würde.

Die Royals – einerseits bewunderter und viel beachteter Mittelpunkt der Gesellschaft, andererseits ohne eigentliche Aufgabe im Leben, zumindest in unserer Zeit. Es sind Männer und Frauen mit ganz »normalen« Wünschen und Sehnsüchten.

Am Montag, dem 7. November 2011, fanden Hausdurchsuchungen in Zusammenhang mit einer Korruptions-, Betrugs- und Steueraffäre statt, die den Schwiegersohn des damaligen spanischen Königs, Iñaki Urdangarin, in größte Bedrängnis brachten. Der frühere Berufshandballer, der durch die Heirat mit Infantin Cristina zum Herzog von Palma geadelt worden war, stand im Verdacht, sich als Vorsitzender der vorgeblich gemeinnützigen Stiftung Nóos auf illegale Weise öffentlicher Gelder bemächtigt und damit unter anderem den Umbau seiner Villa finanziert zu haben. Spenden für behinderte Kinder sollen auf Konten abgezweigt worden sein. Es ging um Millionenbeträge.

König Juan Carlos bezog sich in seiner Weihnachtsansprache 2011 auf seinen Schwiegersohn: »Wir alle, vor allem Personen, die öffentliche Verantwortung tragen, haben die Verpflichtung, uns angemessen zu verhalten und ein Beispiel zu geben. Jedes Fehlverhalten muss entsprechend den Gesetzen bestraft werden.« Der König ordnete an, dass der 43-jährige Urdangarin vorerst nicht mehr an offiziellen Aktivitäten der Royals teilzunehmen habe. Ein spanisches Gericht erhob Anklage wegen Betrugs gegen den Schwiegersohn des spanischen Königs.

»Die finanziellen Entscheidungen, die ich getroffen habe, sind korrekt und transparent gewesen«, verteidigte sich Urdangarin.

Schuldig oder nicht schuldig – die royale Krise war perfekt. 2017 wurde er zu einer Freiheitsstrafe von sechs Jahren und drei Monaten sowie einer Geldstrafe von rund einer halben Million Euro verurteilt. Auch Cristina stand vor Gericht, wurde aber 2017 freigesprochen. Bruder Felipe, der König, hatte ihr 2015 den Titel »Herzogin von Palma de Mallorca« aberkannt. Das wohl schlimmste Eigentor seiner Karriere.

Affären, Amouren und Liebschaften. Liebhaberinnen gingen und gehen bei Hofe ein und aus. Regenten scharen liebeshungrig Frauen um sich. Adelige Männer und ihre Seitensprünge, die Liste ist nicht endend wollen. Die Frauengeschichten von Fürst Albert von Monaco oder König Albert von Belgien blieben der Öffentlichkeit genauso wenig verborgen wie die Klatschgeschichten aus dem spanischen Königshaus mit Hauptdarsteller Juan Carlos.

Für Sofía kam der »Augenblick der Wahrheit« 1976, kurz nach Ernennung von Juan Carlos zum König, schrieb die katalanische Sozialhistorikerin Pilar Eyre in ihrem Buch *Die Einsamkeit der Königin*, einer nicht autorisierten Biografie der Ehefrau des Monarchen. Mit ihren drei Kindern wollte sie ihrem Ehemann einen Überraschungsbesuch im Jagdhaus eines Freundes abstatten. Und ertappte ihn in flagranti mit der bekannten Schauspielerin und Sängerin Sara Montiel. Sofía kontaktierte ihre Mutter. Sie wollte die Scheidung. Doch die Mama warnte sie: »Willst du dich dafür bezahlen lassen, dass man Neureichenpartys mit dir aufpeppt?« Sofía blieb.

Dass eine Scheidung bei den spanischen Royals nicht ganz unmöglich ist, zeigte sich 2009, als das Ende der Ehe von Infantin Elena und ihrem Ehemann Jaime de Marichalar bekannt gegeben werden musste. Schon 2007 hatten sich die beiden getrennt.

Gleich mehrere Bücher enthüllten die royalen Abwege des notorischen Frauenhelden Juan Carlos. Der König soll neben seinen drei ehelichen Kindern noch mindestens zwei außereheliche Kinder gezeugt haben.

Der Historiker José María Zavala etwa deutete dies 2011 in seinem Enthüllungsbuch *Bastarde und Bourbonen* an. Sogar in der angesehenen spanischen Tageszeitung *El Mundo* wurde der Aufreger thematisiert: Spekuliert wurde, dass María Gabriela von Savoyen, die Jugendliebe des Königs, eine der Mütter sein könnte. Pikant daran: Juan Carlos hätte die eine Tochter, Maria José Ruelle, gezeugt, während er schon mit Sofía verheiratet war.

Aus einer Affäre mit Gräfin Olghina Robilant in den 1950er-Jahren stammt angeblich Paola de Robilant. Vom Hof gab es dazu keinen Kommentar. Eine Anfrage der deutschen *Bild* wurde abgeschmettert: »Das Königshaus kommentiert grundsätzlich keine haltlosen, alten Gerüchte!«

Im Juni 2012 meldeten sich die 46-jährige Belgierin Ingrid Sartiau und der 56-jährige Katalane Albert Sola Jimenez und behaupteten, Kinder des Königs zu sein. Ein Gentest bestätigte, dass die beiden mit 91-prozentiger Sicherheit einen gemeinsamen Elternteil hatten. Eine Vaterschaftsklage wurde jedoch vor Gericht unter Verweis auf die in der Verfassung verankerte Immunität des Königs abgewiesen. Die verlor er zwar nach seiner Abdankung im Jahr 2014, doch das Parlament beschloss ein Sonderrecht, das besagt, dass nur der Oberste Gerichtshof abgedankte Monarchen belangen kann.

2012 geriet Juan Carlos auch wegen eines aktuellen Vorfalls in Bedrängnis. In Botswana erlegte der Monarch mit sieben Schüssen aus einem großkalibrigen Gewehr einen 50 Jahre alte Elefanten. 20 000 Euro soll der Abschuss gekostet haben. Bei einer abendlichen Feier stürzte der König dann auf der Treppe seiner Unterkunft und brach sich das Hüftgelenk. Per Flugzeug transportierte man ihn in ein Krankenhaus nach Madrid.

Das Mitleid seiner Untertanen hielt sich freilich in Grenzen. In Zeiten der Wirtschaftskrise und Rekordarbeitslosigkeit zeigten die Spanier wenig Verständnis für das Hobby ihres Königs. Zudem war Juan Carlos auch Ehrenpräsident der Tierschutzorganisation WWF.

»Das ist nicht das, was die Menschen von der spanischen Königsfamilie in Krisenzeiten erwarten. Es ist nicht erbaulich, und ich denke, es ist der Moment, in dem der Staatschef wählen muss zwischen den Verpflichtungen der öffentlichen Aufgaben oder Abdankung, die es ihm erlaubt, das Leben anders zu genießen«, so eine Stimme aus dem Volk.

Während sich der König von seiner Hüftoperation im Krankenhaus erholte, kam es zum Eklat. Denn die Elefantenjagd soll von seiner Geliebten organisiert worden sein, der dänisch-deutschen Prinzessin Corinna zu Sayn-Wittgenstein-Sayn. Königin

Sofía, so hieß es, gab sich zu diesem Zeitpunkt nicht einmal mehr Mühe, die Fassade zu wahren. Sie besuchte ihren Mann erst drei Tage nach seiner Operation im Krankenhaus und verweilte lediglich für etwa 15 Minuten an seinem Krankenbett. Rufe nach dem Rücktritt des Königs wurden laut. Nach der Elefantenjagd wählte ihn der WWF als Ehrenpräsident ab.

Bei seiner Entlassung aus dem Spital rang sich der König eine Entschuldigung ab. »Es geht mir schon viel besser. Ich danke dem Ärzteteam des Spitals. Ich freue mich, meine Aufgaben wieder wahrnehmen zu können. Es tut mir sehr leid. Ich habe einen Fehler gemacht. Es wird nicht wieder vorkommen.«

Eine öffentliche Entschuldigung ist in den europäischen Monarchien etwas höchst Seltenes. Offenbar war der Druck auf König Juan Carlos groß.

Am 14. Mai 2012 waren König Juan Carlos und Königin Sofía genau 50 Jahre verheiratet. Doch die Wogen hatten sich auch Wochen nach der heftig kritisierten Elefantenjagd nicht geglättet. Zum goldenen Hochzeitstag werde es keine Feier geben, teilte der spanische Hof mit. Ein solches Ereignis nicht zu begehen, ist ein rares, wenn nicht sogar einmaliges Ereignis unter den europäischen Königshäusern. Welch Ironie, dass die schwerste Thronkrise seit Jahrzehnten durch eine Jagd ausgelöst wurde.

Insgesamt rund 1500 Frauen sollen dem Charme des Königs erlegen sein. Der Palast ließ wissen: »Es waren weniger!«

2010 erschütterte eine Biografie über Kronprinzessin Letizia die Bourbonen-Dynastie. In *Letizia Ortiz – eine Republikanerin am Hof von Juan Carlos I.* wird von Drogen, Affären und Depressionen der ehemaligen Journalistin berichtet. Letizia habe sich außerdem für eine Abtreibung nach Mexiko begeben – für die streng katholischen Spanier ein wahrer Schock, auch wenn sich all dies vor der Ehe mit dem spanischen Thronfolger Felipe ereignet hatte.

2020 erschien eine weitere Biografie über Königin Letizia: *Letizia la reina impaciente. Qué significa ser reina en el siglo XXI?* (Letizia, die ungeduldige Königin. Was bedeutet es, im 21. Jahrhundert Königin zu sein?) Die spanische Online-Zeitung *El Español* zitierte daraus: »Die Presse zeigt sie oft als stummes Model, das eine leere Tasche trägt. Nur ihre Freunde wissen, dass die Königin immer das Gleiche bei sich trägt: ein Telefon, Zigaretten und einen blauen Kugelschreiber. [...] Rauchen und sich Notizen machen sind Gewohnheiten, die die Königin beibehalten hat, seit es ihre Aufgabe war, die Nachrichten zu verlesen. [...] Jetzt leitet sie Anti-Raucher-Veranstaltungen [...] und versteckt sich im Badezimmer, wenn sie rauchen möchte.«

Letizia, die auf gesunde Ernährung achtet, viel Sport betreibt und unter anderem Ehrenvorsitzende der Spanischen Vereinigung gegen Krebs (AECC) ist, dürfte über diese Passage nicht besonders erfreut sein. Autor Leonardo Faccio, der angibt, mehrere informelle Treffen mit Letizia gehabt zu haben, bezeichnete sein Buch als »das vollständigste biografische Profil«. Es soll unter Mitwirkung von Letizias Vater Jesús Ortiz, ihrer Tante Henar Ortiz und ihres Cousins David Rocasolano entstanden sein.

Besonders heikel ist die Passage, in der Aussagen des Anwalts Rocasolano über die angebliche Verwicklung des Königspaares in fragwürdige finanzielle Machenschaften wiedergegeben werden: Der einzige Unterschied zwischen Felipe und seinem inhaftierten Schwager Iñaki Urdangarin sei, dass der Regent vorsichtiger vorgehe.

Letizia selbst sei bei ihrem Cousin Rocasolano klar in Ungnade gefallen: »Für mich ist sie nicht mehr meine Cousine; wenn morgen in den Zeitungen erscheint, dass die Königin gestorben ist, ist mir das gleichgültig.«

Auch vier ehemalige Liebhaber von Königin Letizia kommen zu Wort: Letizias erster Ehemann, Alonso Guerrero, berichtete nicht gerade Schmeichelhaftes über seine Exfrau. David Tejera, ein Freund aus Letizias Zeit bei CNN+ wird mit den Worten zitiert: »Ich möchte diese Person so weit wie möglich aus meinem Leben fernhalten.« Der frühere Chefredakteur der Tageszeitung *Siglo 21*, Luis Miguel González, ging ebenfalls auf Distanz: »Ich behalte sie meiner psychischen Gesundheit zuliebe nicht im Auge.«

Eliseo García Nieto von der Agentur EFE warf Letizia sogar vor, mit der Einheirat in eine Monarchie ihre politischen und religiösen Einstellungen verraten zu haben: »Ich habe eine Letizia mit einer ziemlich klaren Idee getroffen«, wird er zitiert. »Republikaner, nicht religiös, und jetzt bezweifle ich, ob ich mit dieser Person befreundet war oder nicht.«

Am 15. März 2020 schließlich, mitten in der Corona-Krise, ergriff Felipe nach einem neu in die Schlagzeilen geratenen Skandal um seinen Vater Juan Carlos drastische Maßnahmen. Er werde auf das Erbe, das ihm später zustehen würde, verzichten, teilte das Königshaus überraschend mit. Zudem werde Juan Carlos das Gehalt gestrichen, immerhin rund 194 000 Euro jährlich. Die Zeitung *El Mundo* schrieb: »Felipe bricht die Verbindungen zu seinem Vater ab.«

Der Hintergrund waren Untersuchungen der für Korruption und Wirtschaftsdelikte zuständigen Behörden gegen Juan Carlos. Der Monarch soll 2008 Schmiergeld in der Höhe von 88,26 Millionen Euro in Zusammenhang mit dem Bau einer Schnellbahnstrecke in Saudi-Arabien kassiert haben. Der als »Wüstenzug-

Affäre« bezeichnete Fall, in dem geklärt werden soll, ob ein spanisches Konsortium begünstigt wurde, beschäftigt die Justizbehörden bereits seit 2008. Laut der britischen Zeitung *The Telegraph* soll Felipe dabei als zweiter Begünstigter einer Offshore-Stiftung aufgetaucht sein. Davon distanzierte sich das Königshaus deutlich.

Anfang August 2020 überschlugen sich die Ereignisse. Der Oberste Gerichtshof hatte ein Ermittlungsverfahren zur Verwicklung des Ex-Königs in die Wüstenzug-Affäre eingeleitet. Juan Carlos verließ das Land. Die Tageszeitung *El Mundo* ließ wissen, dass der Ex-König von seinem Sohn Felipe »gezwungen« worden sei, Spanien zu verlassen. Der Korruptionsskandal habe dem Image Felipes und der spanischen Monarchie sehr geschadet. Zuletzt sei der Ruf nach Abschaffung der Monarchie in Spanien immer lauter geworden. Nach Informationen der spanischen Zeitung *ABC* soll Juan Carlos in Abu Dhabi gesehen worden sein. Ob das die Endstation seines Exils sein wird, bleibt fraglich.

Rechtlich gesehen steht Juan Carlos für seine Regierungszeit vom 22. November 1975 bis zum 14. Juni 2014 unter dem Schutz der Immunität. Wie erwähnt, genießt er zwar auch noch nach seinem Thronverzicht Sonderrechte, kann aber vom Obersten Gericht auf die Anklagebank gesetzt werden. Im Falle einer Verurteilung drohen dem ehemaligen spanischen König bis zu fünf Jahre Gefängnis.

Interessant: Ex-Königin Sofía ist nicht an der Seite ihres Mannes. Auffallend viele Medien berichten, dass sie sich ob dieses Skandals ins Fäustchen lache. Nur der Pflicht wegen habe sich das Ehepaar all die Jahre bei offiziellen Terminen gemeinsam gezeigt. Die angeblich zahlreichen Liebesaffären von Juan Carlos haben bei seiner Frau Spuren hinterlassen.

Einiges Aufsehen erregte 2002 das Buch *Der königliche Bastard* von Leandro von Bourbon Ruiz. Die Publikation war ein Teil der Versuche des Autors, endlich als der anerkannt zu werden, der er war: der letzte noch lebende uneheliche Sohn des spanischen Königs Alfonso XIII.

2003, ein Jahr nach der Veröffentlichung des Werks, gab ein Madrider Gericht der Vaterschaftsklage des Autors statt. »Ich wollte das ganze Leben lang nur eines: den Nachnamen meines Vaters tragen. Jetzt habe ich das endlich erreicht«, jubelte Leandro, mit bürgerlichem Namen Ruiz Moragas, und durfte sich ab da auch »von Bourbon« mit allen Rechten nennen.

Seine Mutter war die Schauspielerin Carmen Ruiz Moragas, offenbar die »Liebe des Lebens« von Seitenspringer Alfonso. Der König hatte mit ihr auch noch eine Tochter. Seine beiden Kinder versorgte er mit einem prall gefüllten Schweizer Bankkonto.

Das Urteil im Verfahren um die Vaterschaftsklage stützte sich auf über 100 Dokumente. Diese waren so eindeutig, dass der Richter auf eine DNA-Analyse verzichtete.

Einer der wichtigsten Beweise waren die Auszüge eines Kontos in der Schweiz, auf das der gestürzte Monarch auch aus seinem portugiesischen Exil regelmäßig Unterhalt überwies. Leandro wurde damit hochoffiziell zum Onkel des spanischen Königs Juan Carlos I.

Im Zarzuela-Palast war man über »Onkel Leandro« nicht gerade erfreut. Als die Einladungen der Verwandtschaft ausblieben, ging Leandro ins Fernsehen, um von seinem Schicksal zu berichten. Nach einer schweren Krankheit fasste er den Entschluss, sein Recht einzuklagen. Dabei berief er sich auf die spanische Verfassung, die eheliche und uneheliche Kinder gleichstellt. Zuvorkommend teilte er seinem Neffen, König Juan Carlos, sein Vorhaben mit. Immer wieder betonte er, es gehe ihm auch um das Ansehen seiner Mutter, die als »hübsche Schauspielerin ohne Talent« und »Komiker-Nutte« tituliert worden war. »Sie war weder ein Liebchen noch die Geliebte, sondern die große Liebe des Königs.« König Alfonso XIII., der mit Königin Victoria Eugénie von Battenberg sechs eheliche Kinder zeugte, führte mit Leandros Mutter 15 Jahre lang eine Parallelbeziehung.

Am 20. Juni 2016 starb Leandro von Bourbon in seiner Heimatstadt Madrid im Alter von 87 Jahren.

Es ist ein Bub!

Felipe erblickte als drittes Kind von Thronanwärter Juan Carlos und Sofía im Madrider Krankenhaus Clínica de Nuestra Señora de Loreto am 30. Jänner 1968 das Licht der Welt. Nach zwei Mädchen war er endlich da, der lang ersehnte Erbe der Bourbonen-Dynastie. Juan Carlos winkte der Menge vor der Klinik zu und rief überglücklich: »Es ist ein Bub. Wieder hat Spanien jemanden, der dem Land dienen wird.«

Am 8. Februar 1968 wurde Felipe im Zarzuela-Palast vom Erzbischof von Madrid, Monseñor Morcillo, auf die Namen Felipe Juan Pablo y Alfonso de Todos los Santos von Bourbon und Griechenland getauft. Taufpaten waren sein Großvater, der Graf von Barcelona Juan de Borbón y Battenberg, und seine Urgroßmutter, die Königinwitwe Victoria Eugénie von Battenberg (sie hatte immer wieder betont, sie werde erst aus dem Exil nach Spanien zurückkehren, wenn den Bourbonen ein Erbe geboren worden sei). Neben seinen Eltern und den beiden älteren Schwestern nahm auch Diktator General Franco an der Zeremonie teil.

Obwohl als Jüngster geboren, ist Felipe Erster in der Thronfolge – in Spanien werden nach wie vor männliche Nachkommen bevorzugt.

Am 21. Jänner 1977 wurden ihm mit neun Jahren per Dekret folgende Titel verliehen: Fürst von Asturien, Fürst von Gerona, Fürst von Viana, Herzog von Montblanc, Graf von Cervera und Herr von Balaguer.

Felipe besuchte ein katholisches Gymnasium in Madrid. Nach einer Offiziersausbildung studierte er in Spanien und den USA Jus sowie Wirtschaftswissenschaften und internationale Beziehungen. Schon damals war klar, dass er eines Tages der erste König in der spanischen Geschichte mit abgeschlossenem Hochschulstudium sein würde.

Der Kronprinz galt in seiner Jugend als Frauenheld und bekam mehr als 350 Liebesbriefe pro Woche. Mit seinen Freundinnen sorgte Felipe oft für Aufsehen.

Seine Liaison mit dem norwegischen Dessous-Model Eva Sannum wurde von seinen Eltern nicht akzeptiert und entsetzte die Spanier. Ganz sachlich gab Kronprinz Felipe am 14. Dezember 2001 bekannt: »Eva und ich möchten bekannt machen, dass wir unsere Beziehung nach reiflicher Überlegung beendet haben. Wir halten es für besser, wenn wir beide einen je eigenen Lebensweg gehen. Der gern unterstellte Konflikt zwischen Liebe und Pflicht, zwischen Verstand und Herz hat dabei keinerlei Rolle gespielt. Und das möchte ich unterstreichen: Für mich bleibt Eva eine äußerst liebenswerte und wunderbare Frau, und ich hoffe, dass wir in Zukunft unsere Freundschaft ungetrübt aufrechterhalten können.«

Der Prinz von Asturien mutierte zum Fernsehfan. Der Grund: die 31-jährige Fernsehmoderatorin Letizia Ortiz. Felipes Eltern wussten nichts vom ersten royalen Rendezvous, das auf Wunsch des Kronprinzen im Dezember 2002 stattfand. Als Felipe seinen Eltern Letizia vorstellte, schien ihnen eine bürgerliche Reporterin nicht die richtige Wahl für den Kronprinzen. Doch Felipe hörte auf sein Herz.

Kennengelernt hatten die beiden einander an der ölverschmutzten Küste Galiciens, wo Letizia gerade für Dreharbeiten war. Über Monate hinweg trafen sie einander. Erst als sich beide ihrer Liebe sicher waren, teilten sie dies dem König und seiner Frau mit. Schlussendlich sah die Königsfamilie auch über einen kleinen Schönheitsfehler in Letizias Biografie hinweg: Sie war 1999 schon einmal verheiratet – ein Jahr währte die Ehe mit dem Spanischlehrer Alonso Guerrero. Ihre erste Ehe stand auch keiner kirchlichen Trauung im Weg, denn sie war nur standesamtlich geschlossen worden.

Der staatliche Fernsehsender TVE unterbrach am 1. November 2003 sein Programm für »Breaking News«: Ihre Majestäten, König und Königin, hätten »die große Genugtuung«, die Verlobung ihres Sohnes bekannt zu geben. Er werde am 6. November offiziell bei den Eltern seiner Auserwählten um die Hand der Tochter anhalten.

Zur Verlobung gab's für Letizia einen Ring um 30 000 Euro, für Felipe Manschettenknöpfe. Mit den Worten »Ich freue mich sehr, die Verlobung mit Letizia bekannt zu geben. Meine Familie und ich sind sehr glücklich«, eröffnete der Thronfolger die Pressekonferenz, zu der zahlreiche Kolleginnen und Kollegen von Letizia gekommen waren.

»Ich verstehe, dass es für viele eine große Überraschung ist«, sagte Letizia. »Aber es war kein schneller Entschluss. Diese Entscheidung basiert auf unserer großen Liebe, die uns gegenseitig verbindet.«

Laut Kritikern verpatzte Letizia allerdings bereits ihren ersten öffentlichen Auftritt. Statt eines adretten Kostümchens trug sie am Verlobungstag einen weißen Armani-Hosenanzug. Und dann ein weiterer Fauxpas, dessen Folgen Letizia noch nicht abschätzen konnte. Als ihr Bräutigam auf eine Journalistenfrage zu antworten begann, fiel sie ihm ins Wort. Ein Verstoß gegen die höfische Etikette. Dem zukünftigen König von Spanien ins Wort zu fallen, dafür sieht das Spanische Hofprotokoll keine Entschuldigung vor.

Der Tag ihrer Verlobung war gleichzeitig auch ihr letzter Arbeitstag. Vorbei die Zeiten, als sie als Journalistin in den Abendnachrichten des größten spanischen Fernsehsenders Politiker und andere Persönlichkeiten bei Interviews in die Mangel nahm. Als Verlobte des zukünftigen Königs der Spanier erwarteten Letizia neue Aufgaben.

Die Hochzeit von Kronprinz Felipe und Letizia fand am 22. Mai 2004 statt. Die Trauung mit 1400 geladenen Gästen war das größte gesellschaftliche Ereignis in Europa seit der Hochzeit des britischen Kronprinzen Charles mit Lady Diana Spencer 1981.

Beim Einmarsch der Hochzeitsgesellschaft in die Almudena-Kathedrale in Madrid ging König Juan Carlos neben seiner Schwester, der Infantin Pilar. Nach spanischem Brauch hätte er an der Seite der Brautmutter in das Gotteshaus schreiten müssen. Manche Medien werteten das Verhalten des Königs als einen Affront gegen Letizias Familie, die über keinerlei Bindungen zum Adel verfügt.

Ein sintflutartiger Wolkenbruch verdarb der Braut ihren großen Auftritt. Königliche Haltung bewies Felipe, denn Letizia ließ auf sich warten. Auf dem Weg zum Altar erlebte man dann eine Braut, der das Strahlen abhandengekommen war. Doch warum war Leti-

zia in der Kirche so traurig? Bedrückte sie der Drill der vergangenen Tage, der notwendig gewesen war, um aus ihr im Eiltempo eine Prinzessin zu formen? Sah so die künftige Königin von Spanien aus?

Zu Terminen kommen die Spanier grundsätzlich mit beiden Töchtern, um etwas Last von Leonor zu nehmen.

Möglicherweise stimmte es, was Gäste am Abend zuvor beim Galadiner im Prado-Palast beobachtet haben wollten: Das Paar soll eine gröbere Meinungsverschiedenheit gehabt haben. Szenen einer Ehe bereits bevor dem Ringtausch.

Im Hochadel war man sich einig, dass es sich um eine nicht standesgemäße Hochzeit handelte. Eine morganatische Ehe, also aufgrund mangelnder Ebenbürtigkeit der Braut, wird auch als Ehe zur linken Hand bezeichnet, da die Frau an der linken statt wie sonst üblich an der rechten Seite des Ehemannes sein muss.

Nach der Hochzeit erhofften die Spanier täglich die Meldung von einem Nachwuchs des Prinzenpaares. Leonor, ihre erste Tochter, kam am 31. Oktober 2005 zur Welt. Die zweite Tochter, Sofía, wurde am 29. April 2007 in Madrid geboren. Sofía ist nach ihrer Großmutter, Königin Sofía, benannt. Sie steht hinter ihrem Vater und ihrer Schwester Leonor auf Platz drei der spanischen Thronfolge.

In den folgenden Jahren stand Letizia so sehr unter Druck, nach den zwei Töchtern einen männlichen Thronfolger zu gebären, dass sie an Gewicht verlor. Neben ihren Nachwuchssorgen musste sie auch den Tod ihrer Schwester Érika verkraften. Von der selbstbewussten, lebenslustigen Fernsehmoderatorin von früher war nicht mehr viel zu bemerken. Wer Letizia bei der Hochzeit von Kronprinzessin Victoria und Daniel Westling am 19. Juni 2010 gesehen hat, erlebte eine Frau, die offenbar mitten im Kampf steckte, die ihr zugeordnete traditionelle Rolle zu verarbeiten. Das Gerücht, sie leide an Magersucht, tauchte immer öfter auf. Das strenge spanische Hofzeremoniell hinterließ seine Spuren.

Eine Ära geht zu Ende

Schneller als erwartet wurde der 46-jährige Prinz Felipe König von Spanien. Der Entschluss fiel Ende Mai 2014 in Madrid, als er sich gerade bei der Amtseinführung eines neuen lateinamerikanischen Präsidenten in Übersee aufhielt.

Als Stellvertreter des gesundheitlich angeschlagenen Monarchen hatte er schon beträchtliche Erfahrung und Routine sammeln können. Faktisch war der Thronerbe während jeder Operation und Rekonvaleszenz von Juan Carlos bei Staatsakten, Militärparaden und Auslandsreisen als Platzhalter gefordert gewesen. Seine Eltern rühmten den fleißigen, bescheidenen und immer anspruchslos einsatzfreudigen Felipe als den »am besten vorbereiteten« Thronfolger in der Geschichte Spaniens.

Am Montag, dem 2. Juni 2014, um 10.20 Uhr verkündete der spanische Ministerpräsident Mariano Rajoy im Rahmen einer Pressekonferenz den Rücktritt des Monarchen. »König Juan Carlos hat mich über seinen Thronverzicht informiert und gebeten, das Verfahren für die Thronfolge einzuleiten. Er wird noch persönlich seine Gründe bekannt geben.«

Um 13 Uhr hielt der König im Fernsehen für das spanische Volk seine Abdankungsrede. »Meine Ambition war und ist es immer noch, für das Wohl des Landes zu sorgen. Ich möchte das Beste für Spanien, schließlich habe ich mein ganzes Leben Spanien gewidmet, all meine Fähigkeiten, meine Hoffnung und meine Arbeit. Mein Sohn Felipe ist der richtige Kandidat, um das Schicksal des Landes in seine Hand zu nehmen.«

Da die Abdankung des Monarchen im spanischen Rechtssystem nicht vorgesehen war, musste ein eigenes Gesetz verabschiedet werden. Premier Rajoy berief daher für Dienstag, den 3. Juni 2014, eine außerordentliche Kabinettssitzung ein.

Der 76-jährige Juan Carlos hatte bereits seit Monaten mit gesundheitlichen Problemen gekämpft. Darüber hinaus hatte seine Popularität aufgrund diverser, bereits erwähnter Skandale stark gelitten. Zuletzt sprachen sich in Umfragen immer mehr Spanier für eine Abdankung aus. Dennoch kam seine Entscheidung völlig überraschend – eine Abdankung hatte er bis dahin strikt ausgeschlossen. Die Reaktionen der Spanier ließen nicht lange auf sich warten. »Es ist eine Schande. Tut mir wirklich leid. Ich weiß nicht, was aus Spanien werden wird«, hieß es da bei einer Straßenbefragung.

Am 19. Juni 2014 wurde Prinz Felipe zu König Felipe VI. von Spanien. Um genau zu sein: König von Spanien, König von Kastilien, León, Aragón, beider Sizilien, von Jerusalem, Navarra, Valencia, Galicien, Granada, Córdoba, Jaen, Sevilla, Toledo, Murcia, Sardinien, Korsika, Algarve, Algeciras, Mallorca, den Kanarischen Inseln, der West- und Ostindischen Inseln und der Neuen Inseln und Festländer des Ozeans (Amerika), Erzherzog von Österreich, Herzog von Burgund, Brabant, Mailand, Athen und Neopatras, Graf von Habsburg, Flandern, Tirol, Roussillon, Barcelona, Cerdana und Gocéano, Herr von Biscaya und Molina de Aragón. Selbst für einen Monarchen eine wahrlich ungewöhnlich lange Liste. Sie enthält auch habsburgische Titel, Relikte aus der Zeit der Herrschaft der Habsburger bis 1700, die dann von den nachfolgenden Bourbonen übernommen wurden.

Auf König Felipe, der sämtliche Skandale im Königshaus bisher unversehrt überstanden hatte, wartete eine schwierige Aufgabe. Für ihn galt es, die zuletzt stark verringerten Sympathien der Spanier für die Monarchie zurückzugewinnen, für eine Institution, die in Zeiten der Krise, nach diversen Affären und Korruptionsfällen, zunehmend in die Kritik geraten war.

Felipe tritt ein schweres Erbe an

Kaum ein anderer König war von Anfang an so entschlossen, die Monarchie zu verschlanken, wie Felipe VI. Sein Bestreben, ein moderner Monarch zu sein, zeigte sich schon bei seiner Krönung.

Von Felipe und Letizia erhoffen sich die Spanier das Ausbleiben weiterer Skandale.

Er verzichtete auf eine prunkvolle Zeremonie und lud auch keine Royals und Staatschefs aus anderen Ländern nach Madrid ein. Kurz nach seiner Thronbesteigung ließ er mehrere Reformen in Kraft treten, wie zum Beispiel die Verkleinerung der Casa Real, der neben Felipe nur noch Königin Letizia, Kronprinzessin Leonor, Felipes zweite Tochter Sofía und das emeritierte Königspaar Juan Carlos und Sofía angehören. Seine beiden älteren Schwestern Elena und Cristina eliminierte er aus dem inneren Zirkel, sie gehören offiziell nicht mehr zum Königshaus. Felipe entschied auch, dass die beiden kein Geld mehr aus der Palastschatulle erhalten und praktisch keine offiziellen Termine mehr wahrnehmen. Sie müssen sich seither mit dem zweitrangigen Titel »Familienangehörige seiner Majestät des Königs« zufriedengeben. Für den spanischen Steuerzahler ergibt dieses drastische Durchgreifen Sinn. Mit knapp 7,9 Millionen Euro Haushaltsbudget zählt das Königshaus zu den kostengünstigsten. Jeder Spanier zahlt im Jahr rund 17 Cent dafür.

Felipe trat mit dem Versprechen an, eine »erneuerte Monarchie für eine neue Zeit« zu schaffen und das Königshaus wieder zu einer moralischen Instanz zu machen. Er kürzte sein eigenes Gehalt, untersagte den Mitgliedern des Königshauses, für private Firmen zu arbeiten, und erließ einen Verhaltenskodex für die Annahme von Geschenken.

Als König ist er mittlerweile anerkannt. Was ihm fehlt, ist der Charme seines Vaters, dessen Volkstümlichkeit und auch dessen Humor. Dafür ist er weder Schürzen- noch Elefantenjäger. Felipe hat die Monarchie in Spanien aus den Negativschlagzeilen herausgebracht. Mit seiner diskreten Art konnte der Regent das Ansehen des Königshauses wiederherstellen. In Spanien wird nicht darüber diskutiert, ob die Monarchie abgeschafft werden soll, das ist sein Erfolg.

Am 30. Jänner 2020 wurde König Felipe 52 Jahre alt. Seit 2016 hatte er an seinem Geburtstag zum ersten Mal keine Termine und keine Verpflichtungen. Er nutzte die Gelegenheit, um sich mit Freunden zum Mittagessen zu treffen. Den Abend genoss er mit seiner Familie im trauten Heim, im Zarzuela-Palast.

Spagat zwischen Tradition und Moderne

Ab dem Jahr 1700 war der spanische Königsthron mit einigen Ausnahmen in den Händen der Bourbonen, die die Nachfolge der Habsburger angetreten hatten. Sie blieben bis 1873 an der Macht, als die Erste Republik ausgerufen wurde, die jedoch nur für ein Jahr unter der Herrschaft von fünf verschiedenen Präsidenten Bestand hatte. Nach der Wiedereinführung der Monarchie 1874 wurde mit Alfons XII. wieder ein Bourbone König von Spanien. Nach dessen Tod regierte zuerst seine Frau Maria Christina für den minderjährigen Sohn, bis dieser als Alfonso XIII. die Regentschaft selbst antreten konnte.

1931 entschied man sich in Spanien erneut gegen die Monarchie. Die Demokratie konnte sich jedoch nicht durchsetzen. Mehr noch, sie musste sich 1936 im spanischen Bürgerkrieg dem Diktator Francisco Franco geschlagen geben.

Die Aufgaben des spanischen Königs sind klar definiert und im Zweiten Titel der Verfassung vom 27. Dezember 1978, *Von der Krone* (Artikel 56 bis 65), niedergelegt: Ausfertigung und Verkündung der vom Parlament beschlossenen Gesetze, Erlass der im Ministerrat beschlossenen Verordnungen, Einberufung und Auflösung der Cortes Generales auf Vorschlag der Regierung, Ausschreibung allgemeiner Wahlen auf Vorschlag der Regierung,

Ansetzung von Volksabstimmungen auf Vorschlag der Regierung sowie Vorschlag, Ernennung und Entlassung der Ministerpräsidenten ... um nur einige zu nennen.

Standesgemäß wohnen

Die offizielle Residenz des Monarchen ist der Madrider Palacio Real, der Königliche Palast. Hier finden Staatsempfänge statt. Repräsentationsräume gibt es genug. Neben dem Museumstrakt ist auch das Königliche Hofamt hier einquartiert. Der frühere Sommerpalast El Pardo dient heute bei Staatsbesuchen als Gästehaus. Der Palast Alcázar von Sevilla ist ein königlicher Nebenwohnsitz und Museum. Der Öffentlichkeit als Museen zugänglich sind die Königspaläste von Aranjuez, La Granja, Riofrio und der Palacio Real de La Almudaina in Palma. Sie gehören zum Patrimonio Nacional, einer spanischen Behörde, die die Verwaltung der Objekte im Staatsbesitz, die vom König und der königlichen Familie und für Staatszeremonien genutzt werden, zur Aufgabe hat.

Palacio de la Zarzuela heißt das Schlösschen der Königsfamilie am Stadtrand von Madrid, das sie als privaten Wohnsitz nutzt. Das Ziegelhaus gleicht mehr einer Villa als einer Residenz.

Als König Juan Carlos plante, La Zarzuela zu renovieren, wollte er seine Yacht »Fortuna« verkaufen. Der Unterhalt des Motorbootes, dessen Wert auf 21 Millionen Euro geschätzt wurde, sei mit den aktuellen Sparzwängen nicht zu vereinbaren, erklärte der Königspalast. Die 41,5 Meter lange »Fortuna« war dem damaligen König im Jahr 2000 von einer Gruppe von Geschäftsleuten von den Balearen geschenkt worden. Sie wollte sichergehen – so die offizielle Begründung –, dass der Monarch regelmäßig den Urlaub auf der Inselgruppe verbringen und so den dortigen Tourismus beflügeln kann. Als die Geschäftsleute von den Verkaufsplänen des Monarchen hörten, legten sie sich quer und forderten die Yacht zurück. Nach einigem Hin und Her fanden die Unternehmer einen Käufer, der ihnen das Schiff um bescheidene 2,2 Millionen abkaufte.

Einen weiteren privaten Wohnsitz hat der König auf Palma. Trotz all der Besitztümer ist das spanische Königshaus im Vergleich zu anderen europäischen Königshäusern arm. Die jährliche Apanage muss versteuert werden. Privates Vermögen ist wenig vorhanden.

Der Thron wartet

Obwohl Leonor theoretisch immer noch von einem jüngeren Bruder von der ersten Stelle der Thronfolge verdrängt werden kann, trägt sie entsprechend Artikel 57, Absatz 2, der spanischen Verfassung seit der Thronbesteigung ihres Vaters Felipe den offiziellen Titel der spanischen Thronerben: Fürstin von Asturien.

Fürst von Asturien ist seit 1388 einer der offiziellen Titel des jeweiligen Thronfolgers von Kastilien. Nach der Vereinigung der Königreiche Kastilien und Aragonien zum Königreich Spanien Ende des 15./Anfang des 16. Jahrhunderts ging der Titel auf den jeweiligen spanischen Kronprinzen über.

2018 bekam Leonor von ihrem Vater den Orden vom Goldenen Vlies mit der Belehrung verliehen, sie müsse fortan »die Verfassung verteidigen«. Zu diesem Zeitpunkt war Leonor de Todos los Santos de Borbón y Ortiz, Fürstin von Asturien, Fürstin von Girona, Fürstin von Viana, Erbin des Königreichs Kastilien, der

2018: Verleihung des Ordens vom Goldenen Vlies mit der Belehrung, die Verfassung zu verteidigen

Krone von Aragón und des Königreichs Navarra, Herzogin von Montblanc, Gräfin von Cervera und Herrin von Balaguer 13 Jahre alt. Anlässlich ihres Geburtstags in jenem Jahr sprach sie zum ersten Mal öffentlich und las bei einer Feier des 40. Jahrestages der spanischen Verfassung einen Auszug aus der Constitución vor.

Mitte Oktober 2019 hielt Leonor im Rahmen der Verleihung des renommierten Prinzessin-von-Asturien-Preises in Oviedo ihre erste Rede. Das Event wurde live im Fernsehen übertragen.

Der Preis gilt als der spanische Nobelpreis und wird alljährlich in acht Sparten vergeben. Jeder Gewinner erhält 50 000 Euro und die Nachbildung einer Joan-Miró-Statue. Zu den Zielen der Stiftung, die den Preis vergibt und seit 2014 nach Leonor von Spanien benannt ist, gehört es, einen Beitrag zur Würdigung und

Förderung aller zum Welterbe gehörenden wissenschaftlichen, kulturellen und humanistischen Werte zu leisten sowie die bestehenden Bindungen zwischen dem Fürstentum Asturien und dem Titel zu festigen.

»Mit sicherer und klarer Stimme hat sie die Rede mit Pausen und Intonation versehen«, berichtete die Zeitung *La Vanguardia* und vermutete, ihre Mutter Letizia habe die Rede mit ihr eingeübt, da diese ja früher als Nachrichtensprecherin gearbeitet hatte. Leonor, so sind sich die Medien einig, habe ihre Rede deutlich souveräner gehalten als ihr Vater 1981, als er, ebenfalls mit 13 Jahren, seine erst Rede anlässlich der Verleihung dieses Preises gehalten hatte. Die »Juniorchefin« wurde mit Lob überhäuft.

Leonor: »Dies ist ein wichtiger Tag in meinem Leben, auf den ich mich lange gefreut habe!«

Am 31. Oktober 2019 wurde Leonor 14 Jahre alt, seither stehen regelmäßig öffentliche Termine an. Damit endeten die unbeschwerten Kindertage von Spaniens Kronprinzessin.

So manche Princesa de Asturias hat in der Vergangenheit von sich reden gemacht, wie zum Beispiel die spätere Königin Isabella I. von Kastilien. Ihr Halbbruder Heinrich IV. wollte sie, kaum dem Kindesalter entwachsen, gegen ihren Willen verehelichen. Der erste Kandidat, der 30 Jahre ältere Prinz von Navarra, starb plötzlich. Gegen den zweiten Anwärter, Alfonso von Portugal, konnte sie sich erfolgreich wehren. Machtlos war sie beim dritten Heiratskandidaten, Pedro Girón. Doch bereits verlobt, starb dieser an Diphtherie. Nun suchte sich Isabella ihren Ehemann selbst aus und machte Ferdinand, dem zukünftigen König von Aragón, einen Heiratsantrag. Da war sie 17 Jahre jung. Er nahm an. Geheiratet wurde am 19. Oktober 1469.

Leonor hat eine besondere Beziehung zu Asturien. Ihre Mutter Letizia stammt daher, sie trägt also asturisches Blut in ihren Adern: »In meinem Haus sind die Wörter Spanien und Asturien mit der gleichen Kraft vereint, wie die Geschichte sie zusammengefügt hat.« Damit thematisierte sie einen wunden Punkt: Die Monarchie in Spanien steht für die Einheit des Landes. Der aktuelle Konflikt zwischen Zentralstaat und Separatisten wird Spanien wohl noch lange beschäftigen.

Doch ihr Vater, der König, gab ihr den Rat: »Die Verpflichtung, Spanien und allen Spaniern zu dienen, muss dein größter Stolz und deine größte Ehre sein. Mut und Tapferkeit sind gefragt.« Beides wird Leonor brauchen.

Der Rat ihres Vaters: »Die Verpflichtung, Spanien und allen Spaniern zu dienen, muss dein größter Stolz sein.«

Wenn Sie mit Infantin Leonor, Prinzessin von Asturien, in Kontakt treten wollen, schreiben Sie ihr. Die Anrede lautet schlicht und einfach: Ihre Königliche Hoheit, Prinzessin Leonor«.

Die Adresse:
Palacio de La Zarzuela
Carretera del Pardo s/n
28071 Madrid
Spanien

Leonor, Infantin von Spanien, feiert am 31. Oktober 2020 ihren 15. Geburtstag. Sie ist altersmäßig die Vorletzte in der Riege der Königinnen der Zukunft.

Kronprinzessin
Estelle von Schweden

Die Boulevard-Presse hatte recherchiert. Und so las man im deutschen Wochenblatt *Neue Welt für die Frau* am Freitag, dem 24. Februar 2012: »Hurra, ein Junge!« Aber es war ein Mädchen. »Silvia weinte vor Glück«, hieß es – die vergossenen Tränen der Großmutter, Königin Silvia von Schweden, galten wohl der Falschmeldung.

Das erste Kind – ein Mädchen also – von Kronprinzessin Victoria von Schweden und ihrem Daniel erblickte am Donnerstag, dem 23. Februar 2012, das Licht der Welt. Kai Winckler, Chefredakteur des Blattes *Neue Welt für die Frau*, war alles andere als glücklich. »Das ist für mich eine Katastrophe«, sagte er zu *Focus Online*. Man habe in der Woche vor der Geburt aus dem engsten Umfeld des schwedischen Königshauses die Information erhalten, dass Prinzessin Victoria einen Sohn erwarte. Es habe keinen Grund gegeben, an der Wahrhaftigkeit des Hinweises zu zweifeln. Die Quelle – die leider geheim bleiben müsse – habe in der Vergangenheit bereits Fakten geliefert, die sich als stichhaltig erwiesen hätten. »Wir kennen den Grund nicht, warum man uns falsch informiert hat.«

Redaktionsschluss für die aktuelle Ausgabe sei der Donnerstag der Vorwoche gewesen. Von da an sei die Katastrophe nicht mehr aufzuhalten gewesen. Eingestampft werden konnten die Hefte auch nicht mehr. Winckler und seine Redaktion mussten eine Woche lang die Häme von Kollegen und Adelsexperten aushalten. »Das ist mir so noch nie passiert«, sagte der Redaktionschef. Zur geschundenen Journalisten-Seele gesellten sich noch die erbosten Leser, die ab Erscheinen des Blatts Sturm liefen. Mehr als 100 Anrufe und E-Mails seien bisher eingegangen, so Winckler. »In der nächsten Ausgabe werden wir uns in aller Form bei unseren Lesern entschuldigen«, war auf *Focus Online* zu lesen.

Die schwedische Prinzessin kam an jenem Donnerstag um 4.26 Uhr im Karolinska-Universitätskrankenhaus in Solna, nahe Stockholm, zur Welt: Am Nachmittag hallten 42 Salutschüsse für den königlichen Nachwuchs durch Schweden und die Kirchenglocken läuteten.

Vater Daniel Westling schwärmte beim Pressetermin kurz nach der Geburt: »Sie ist 51 Zentimeter groß und 3,2 Kilo schwer. Eine sehr hübsche Prinzessin ... Ich war während der Geburt sehr nervös. Es war eine neue Situation, die ich noch nie erlebt habe. Es ist immer mit gewissen Risiken verbunden, ein Kind zu gebären, aber es ist sehr gut gelaufen. Ich bin noch ganz aufgeregt. Als ich den Raum verlassen habe, hat sie friedlich an der Brust der Mutter geschlafen. Es war nicht leicht, da wegzugehen.«

Der damalige Regierungschef Fredrik Reinfeldt und Hofmeisterin Alice Trolle-Wachtmeister sahen bereits das Neugeborene, mussten sie doch nach uralter Tradition seine Geburt bezeugen. Beide bemerkten schmunzelnd: »Die Tochter kommt ganz nach den Eltern!«

Bereits am nächsten Tag berief der regierende König Carl XVI. Gustaf eine Sitzung der schwedischen Regierung unter seinem Vorsitz (den sogenannten »Konselj«) ein, um die Geburt und den Namen offiziell bekannt zu geben. Gleichzeitig teilte er mit, dass er das neugeborene Prinzesschen zur Herzogin von Östergötland ernannt habe.

Den Namen ihrer Tochter konnten Victoria und Daniel frei wählen, ohne Zwang und Protokoll. König Carl Gustaf verkün-

Prinzessin Estelle: Zum ersten Geburtstag lag bereits die erste Autobiografie in den Buchhandlungen.

dete hochoffiziell die Namen seines ersten Enkelkindes: »Estelle, dann natürlich Silvia und Ewa und dann Mary.«

Silvia und Ewa stehen für die beiden Großmütter, Mary für die befreundete Kronprinzessin aus Dänemark. Und auch ihr Rufname hat im schwedischen Königshaus eine besondere Bedeutung. Estelle hieß die amerikanische Frau (1904–1984) von Folke Bernadotte, einem Onkel des Königs, der in der Endphase des Zweiten Weltkrieges Tausende skandinavische Juden aus dem KZ gerettet hatte und 1948 als Palästina-Vermittler von jüdischen Terroristen ermordet wurde.

Dieser Vorname löste eine breite Diskussion in den Medien aus. Der dem Königshaus nahestehende Historiker Herman Lindqvist beurteilte den Namen als »total unerwartet und unpassend«.

Der Name Estelle leitet sich vom lateinischen »Stella« ab und bedeutet »Stern«.

Das erste Foto von Prinzessin Estelle gab es auf Facebook. Es zeigt die frischgebackenen Eltern beim Verlassen des Krankenhauses mit der Tochter in einer Babytrage. Viele Glückwünsche für die übernächste Königin trafen im Palast ein. Fünf Tage nach der offiziellen Bekanntgabe des Namens wurde das erste Porträtfoto von Prinzessin Estelle auf der Website des Königshauses veröffentlicht. Darauf trägt die Kleine ein weißes Jäckchen. Eigenhändig gestrickt von Urgroßmutter Alice Sommerlath, wie der Palast bekannt gab.

Schlafend nahm Estelle die ersten Glückwünsche entgegen

Estelle steht in der Thronfolge hinter ihrer Mutter an zweiter Stelle. Drei Monate nach ihrer Geburt taufte sie der Erzbischof von Uppsala, Anders Wejryd, der auch schon die Eltern Victoria und Daniel am 19. Juni 2010 getraut hatte, in der Schlosskirche in Stockholm. Stolz trug Vater Daniel seine Tochter in die Kirche. Der kleinen Prinzessin hatte man das Taufkleid angelegt, in dem seit Prinz Gustaf Adolfs Taufe im Jahr 1906 alle Mitglieder der königlichen Familie getauft worden waren, so auch ihre Mutter, Kronprinzessin Victoria, 1977. Es besteht aus Baumwollbatist, Valenciennes-Spitze und Satin. Für die Taufe von König Carl Gustafs Schwester, Prinzessin Margaretha, im Jahr 1935 wurde das königliche Taufkleid um einen cremefarbenen Überwurf aus Seidensatin ergänzt. Auf dessen Rand sind die Namen der bisherigen Träger fein eingestickt und somit verewigt worden.

Die schwedische Verfassung schreibt vor, dass legitime Thronerben der evangelisch-lutherischen Lehre nach dem Augsburger Bekenntnis (es gehört in der Fassung von 1540 noch heute zu den

23. Februar 2012: Geburt von Prinzessin Estelle von Schweden. Papa Daniel schwärmt: »Eine sehr hübsche Prinzessin …«

verbindlichen Bekenntnisschriften der lutherischen Kirchen) folgen müssen.

Mit Kronprinzessin Mary von Dänemark, Daniels Schwester Anna Westling Söderström, Victorias Bruder Carl Philip, den Kronprinzen Haakon von Norwegen und Willem-Alexander der Niederlande hat Estelle fünf Taufpaten.

Große symbolische Bedeutung kommt dem Taufwasser zu, das dem Täufling über den Kopf gegossen wird. Es stammt aus einer Quelle in Öland, wo die Königsfamilie auf Schloss Solliden ihren Sommersitz hat. Eine Tradition, die das Königspaar bei ihren drei Kindern begonnen hat und nun bei den Enkelkindern fortgeführt wird.

Seit ihrer Taufe ist die Prinzessin Trägerin des Königlichen Seraphinenordens, des Hausordens und höchsten Verdienstordens des Königreiches Schweden. Am 23. April 1748 war er zum 72. Geburtstag des schwedischen Königs Friedrich I. aus dem Hause Hessen-Kassel gestiftet worden. Früher wurde er an ausländische Monarchen und hochrangige und verdienstvolle Schweden verliehen – allerdings nur an Männer. Auch wenn die Prinzen den Orden bei der Taufe verliehen bekamen, durften sie ihn erst nach der Konfirmation anlegen. Beim Austritt aus dem Königshaus verloren sie den Orden.

Unter König Oskar II. wurden 1902 die Statuten dahingehend neu ausgearbeitet, dass nun auch der Königin das Recht gewährt wurde, den Seraphinenorden zu tragen. Allerdings wurden Frauen weiterhin nicht zur Ordensgemeinschaft zugelassen.

Als 1975 in Schweden die neue Verfassung verabschiedet wurde, änderte sich die Regelung der Ordensverleihung. Die Auszeichnung wurde nur noch an ausländische Staatschefs verliehen.

Dieses Statut erweiterte man 1995 dahingehend, dass die schwedischen männlichen und weiblichen Royals den Seraphinenorden nun bei der Taufe bekommen. Sind sie nicht ursprünglich Teil der Königsfamilie, wird er ihnen bei der Hochzeit verliehen. Für die drei Kinder des Königspaares Carl XVI. Gustav und Silvia musste aufgrund dieser Änderung eine Sonderregelung getroffen werden. Da die Taufen der drei Königskinder Victoria, Carl Philip und Madeleine bereits viele Jahre zurücklagen, wurde ihnen der Orden an ihrem 18. Geburtstag überreicht.

550 geladene Gäste, darunter zahlreiche Vertreter des europäischen Hochadels, waren bei der Taufe anwesend. Anders als in vielen der europäischen Monarchien üblich, war die Taufe von Prinzessin Estelle ein Staatsakt. Daher nahmen auch viele Persönlichkeiten des öffentlichen Lebens am Gottesdienst teil.

Wenn die Gäste und offiziellen Vertreter verschiedenster Organisationen Glückwünsche und Geschenke überreichen, ist der

Täufling in einer goldenen Wiege mit dabei. Doch es handelt sich nicht um irgendeine Wiege. König Carl Gustaf entscheidet als Wächter der Traditionen, wer in welcher Wiege schlummern darf. Die künftige Kronprinzessin und Königin Estelle tat dies in der kunstvoll geschnitzten und vergoldeten »Kronprinzen«-Wiege. Das historische Stück, die sogenannte »Karl XI.-Taufwiege«, stammt aus der Zeit von König Karl XV., aus dem Jahr 1826. Alle anderen royalen Sprösslinge müssen sich mit der blau-goldenen »Karl XV.-Paradewiege« zufriedengeben.

Die Änderung des Thronfolgegesetzes und seine Folgen

Vor Prinzessin Estelle lag zuletzt Prinz Carl Philip (geboren 1979) in der Kronprinzen-Wiege. Am Tag seiner Geburt und am Tag seiner Taufe war er noch offiziell der schwedische Kronprinz. Dass seine Schwester Victoria (geboren 1973) Königin werden darf, verdankt sie einer Änderung des Thronfolgegesetzes. Bis zum Jahre 1980 waren nämlich nur männliche Nachfahren nachfolgeberechtigt. Aber schließlich wird Victoria nach fast 400 Jahren die erste Regentin ihres Landes sein. Ihr Bruder Carl Philip musste als Kronprinz weichen.

Getauft waren 1980 beide schon – und hatten in der jeweils falschen Wiege geschlummert. Für König Carl Gustaf war bei der Geburt von Victoria klar gewesen, dass es Diskussionen rund um die Thronfolgeänderung geben würde, und so entschied er sich damals für eine Wiege, in der sein Vater, Kronprinz Gustaf Adolf, gelegen war. So gesehen lag Victoria zwar in einer Kronprinzen-Wiege, allerdings nicht in der historischen »Karl XI.-Taufwiege« für Thronerben.

Für König Carl Gustaf war das Thronfolgegesetz, das nach der Geburt seiner Erstgeborenen verabschiedet worden war, eine schlechte Idee: Für Mädchen sei der Job zu schwer, war er überzeugt. Das aber widerlegt seit 1952 die dienstälteste europäische Monarchin, die gleichzeitig Staatsoberhaupt etlicher ehemaliger Kolonien und Vorsitzende des 54 Staaten umfassenden Commonwealth of Nations ist: Queen Elizabeth II. Sie sagte: Königin zu sein, sei ein Job fürs Leben.

Das Thronfolgegesetz, wie es in Schweden 1980 entstanden ist, gibt es in Österreich seit dem Jahr 1713. Es war damals Kaiser Karl VI., der die sogenannte Pragmatische Sanktion erließ, die es ermöglichte, dass auch Frauen den Thron besteigen konnten. Dies war gleich in seinem eigenen Fall vonnöten, denn der einzige Sohn des Kaisers starb bereits im Säuglingsalter. So kam seine Tochter, Maria Theresia, dran. Kaiserin war sie nie, offiziell trug sie den Titel Erzherzogin. Wenn der Volksmund sie dennoch als Kaiserin bezeichnete, so bezog sich dieser Titel formal nur auf die Rolle als Frau ihres Ehemanns Franz I. Stephan. Wie es in Österreich eben so ist: Die Frau eines Arztes wird ja auch »Frau Doktor« genannt.

Mit einer Verfassungsreform, die seit 1. Jänner 1980 in Kraft ist, wurde Carl XVI. Gustaf als neuer Ausgang der Thronfolge festgelegt. Nur seine Nachkommen können den schwedischen Thron erben. Die anderen Zweige des Bernadotte-Geschlechts sind dadurch ausgeschlossen.

Zu einem weiteren Schritt sah sich der schwedische Monarch im Oktober 2019 veranlasst. Es war eine Formalie, allerdings mit weitreichenden Folgen: König Carl XVI. Gustaf hat entschieden, dass nur noch eine begrenzte Anzahl der schwedischen Königsfamilie das Königshaus offiziell vertreten soll. So verloren die Nachkommen der Königskinder Madeleine und Carl Philip ihren offiziellen Hoheitsstatus. Sie sind damit nicht mehr Mitglieder des Königshauses, aber Teil der Königsfamilie. Allerdings behalten die Enkelkinder des Königs ihre Titel als Herzoginnen und Herzöge.

Carl Philip und Madeleine begrüßten die Entscheidung ihres Vaters. In einem Instagram-Posting von Prinzessin Madeleine und ihrem Mann, Christopher O'Neill, ist zu lesen: »Chris und ich finden es gut, dass unsere Kinder in Zukunft eine größere Chance haben, ihr eigenes Leben als Individuum zu gestalten.«

Prinz Carl Philip meinte: »Wir sehen es positiv, dass unsere Kinder, Alexander und Gabriel, im Leben freie Entscheidungen haben werden.«

Die Heiratspolitik der Bernadottes

Ebenfalls im Thronfolgegesetz verankert sind Regeln für die Eheschließung von Mitgliedern der schwedischen Monarchie. Diese muss sowohl vom regierenden Monarchen als auch von der schwedischen Regierung genehmigt werden. Begeht ein Mitglied des Königshauses einen Verstoß gegen eine der Regeln, verliert es sein Recht auf die Thronfolge.

Der formelle Austritt aus dem schwedischen Königshaus wurde bis 1973 von thronfolgeberechtigten Prinzen verlangt, die nicht ebenbürtig geheiratet haben. (Prinzessinnen waren ja bis 1979 nicht thronfolgeberechtigt.)

Eine Ausnahme von der Regel der Ebenbürtigkeit war die zweite Heirat des verwitweten Kronprinzen und späteren Königs

Gustaf VI. Adolf mit der nicht standesgemäßen Lady Louise Mountbatten. Die Ehe wurde 1923 von seinem Vater, Gustaf V., genehmigt. Die Braut war zwar als Adelige, als Prinzessin von Battenberg, geboren worden, hatte diese Würde aber als britische Untertanin 1917 infolge des Ersten Weltkrieges verloren. Im Jahr 1976 gab der heutige schwedische König Carl Gustaf der Ehe seines Onkels Prinz Bertil, Herzog von Halland, mit dessen langjähriger Lebensgefährtin Lilian Craig, geborene Davies, seinen Segen. Prinz Bertil durfte seine Prinzenwürde behalten.

Heiratete ein Habsburger eine Bürgerliche, war dies strengen Regeln unterworfen. Oft war der Grund für eine morganatische Ehe ein Mangel an standesgemäßen Partnern. Thronfolger Franz Ferdinand etwa hatte keine Alternative. Hätte er nicht Sophie Gräfin Chotek geheiratet, wären ihm nur seine eigenen Cousinen übrig geblieben, es gab sonst niemanden mehr. Da Sophie als nicht standesgemäß galt, durfte sie nie an der Seite ihres Gatten auftreten, bei keinem öffentlichen Diner neben ihm Platz nehmen und nie im Wagen neben ihm sitzen, sondern in einem anderen Gefährt unterwegs sein. Sie durfte nicht einmal in der Kirche neben ihm knien. Sie waren immer getrennt. Nur ein einziges Mal waren sie gemeinsam im Wagen, das war am 28. Juni 1914 in Sarajevo. Da ist sie neben ihm gesessen, weil der Hof weit weg war und niemand auf das Zeremoniell geachtet hat. Das war der Tag, an dem beide einem Attentat zum Opfer fielen, dem Auslöser für den Ersten Weltkrieg.

Der Mangel an standesgemäßen Partnern ging oft so weit, dass potenzielle Ehekandidaten im Todesfall »weitergereicht« wurden. Als Queen Victoria für ihren Sohn Albert Edward, genannt »Bertie«, der spätere Edward VII., eine standesgemäße Braut suchte, kamen im ganzen protestantischen Raum nur sieben Frauen infrage, die altersmäßig und abstammungsmäßig gepasst hätten. Und das beim Sohn einer Herrscherin über ein Fünftel der Erdoberfläche. Auch für Queen Elizabeth II. kamen nur zwei Earls in Betracht.

Zwischen 1888 und 1946 mussten insgesamt fünf Prinzen aus dem Königshaus von Schweden austreten. Dadurch war beim Tod von König Gustaf VI. Adolf 1973 die Zahl der thronfolgeberechtigen Prinzen dramatisch reduziert. Nur zwei von insgesamt etwa 17 lebenden männlichen Bernadottes waren thronfähig geblieben: der heutige König Carl XVI. Gustaf und sein damals 61-jähriger Onkel, Prinz Bertil.

Gustaf Lennart Nicolaus Paul (1909–2004), ein Enkel von König Gustaf V., war einer der erwähnten fünf Prinzen, die aus dem Königshaus austreten mussten. Am 20. Februar 1932 heiratete er in London die bürgerliche Fabrikantentochter Karin Nissvandt, verzichtete wegen dieser nicht ebenbürtigen Ehe auf eine mögliche Thronfolge und gründete eine Familie. Das Paar bekam vier Kinder.

Am schwedischen Hof und im Schloss zu Karlsruhe, wo Lennart als Jugendlicher die meiste Zeit lebte, herrschten damals noch die Gesetze der strengen Hofetikette, die Vorstellungen vom Gottesgnadentum der königlichen Herrscher. Aber dies war eine versinkende, ja teils schon versunkene Welt, mit der er selbst nicht mehr in Einklang kommen konnte. So war es nur konsequent, dass aus dem Prinzen ein Bürger wurde. Seine Heirat mit einer Bürgerlichen schockierte nicht nur seine Familie, sondern den gesamten europäischen Hochadel.

Sein Vater, Prinz Wilhelm von Schweden, vererbte ihm die Insel Mainau im Bodensee, für die er keine Verwendung hatte.

Die Parkanlagen Friedrichs I. von Baden auf der Insel waren verwildert. Der abtrünnige Prinz plante, Mainau zu einer Touristenattraktion umzubauen. Was ihm hervorragend gelang.

Als ich Gustaf Lennart Nicolaus Paul, Graf von Wisborg 1994 besuchte, erzählte er mir mit großer Leidenschaft von seinem Lebenswerk: »Die Mainau und ich, wir haben 50 Jahre lang miteinander gekämpft. Dieses Erbe war die große Herausforderung meines Lebens. Doch ich nahm mir Goethes Worte zu Herzen: ›Was du ererbt von deinen Vätern hast, erwirb es, um es zu besitzen!‹ Ich habe die Mainau erobert. Von innen heraus. Sie schenkte mir das Herrlichste, was ein Mensch als Gabe erhalten kann: die Möglichkeit, ein Lebenswerk zu vollbringen.«

Von seiner Tante, der Großherzogin Charlotte von Luxemburg, erhielt er 1951 den luxemburgischen Titel eines Grafen von Wisborg – diese Linie existiert bis heute.

Lennarts erste Ehe wurde 1971 geschieden. Unter großem Mediengetöse heiratete er am 29. April 1972 seine persönliche Assistentin, die um 35 Jahre jüngere Sonja Haunz. Dieser Ehe entstammen fünf Kinder.

Sein 45 Hektar großes Blumenparadies Mainau bestaunen jährlich über eine Million Touristen. Auch ohne Schutz des Königshauses findet also so mancher ausgestoßene Prinz sein Glück.

Lennart Bernadotte, der Graf von Wisborg, starb im Alter von 95 Jahren am 21. Dezember 2004 in seinem Schloss auf Mainau und ruht in der Gruft der Schlosskirche.

Noch immer sind die Bande der Bernadottes vom Bodensee zu ihren Verwandten in Stockholm eng. Graf Lennart und der Vater des jetzigen Königs Carl XVI. Gustaf waren Cousins.

Estelles aufmüpfiger Großvater, Carl XVI. Gustaf

König Carl XVI. Gustaf war von der Regelung der nicht ebenbürtigen Ehe ausgenommen. Der König beziehungsweise die Königin selbst muss sich nicht an Bedingungen, die mit der Eheschließung verknüpft sind, halten, so steht es im Thronfolgegesetz. Er oder sie braucht keine Genehmigung der schwedischen Regierung zur Heirat.

Als jüngstes Kind erblickte Carl Gustaf Folke Hubertus nach vier Schwestern am 30. April 1946 auf Schloss Haga bei Stockholm das Licht der Welt. Sein Vater starb 1947 bei einem Flugzeugabsturz in Dänemark. Auf dem Rückflug von einer Jagdgesellschaft in Holland, bei der er Gast von Prinz Bernhard der Niederlande war. Da war Carl Gustaf knapp neun Monate alt. Nach seinem Großvater, dem damaligen Kronprinzen, stand er nun an zweiter Stelle der Thronfolge.

Als sein Großvater 1950 zu König Gustaf VI. Adolf avancierte, wurde er Kronprinz. Im Schloss Haga am Stadtrand von Stockholm blieb Mutter Sibylla mit ihren Kindern allein. Öffentliche Auftritte vermied sie.

Nach alter Tradition wurde für den Kronprinzen im Schloss ein Kindergarten für sechs Kinder eingerichtet, damit sich der Prinz an die Gesellschaft von Gleichaltrigen gewöhnen konnte. Die Frage der Erziehung und Bildung des Prinzen war keine reine Privatsache: Ein Rat wurde eingesetzt, zu dem sein Großvater Gustaf VI. Adolf, Prinz Bertil und die »drei Weisen« gehörten: General Malcolm Murray, Baron Ramel und der oberste Rechnungsprüfer Carl-Eric Ekstrand. Später besuchte er öffentliche Schulen, wo er ausnahmslos die gleiche Behandlung erfuhr wie seine Klassenkameraden.

Der Prinzenrolle konnte er nur wenig abgewinnen. Nach dem Abitur folgten Ausbildungen bei der Marine, Armee und Luftwaffe. Er studierte in Uppsala und Stockholm Nationalökonomie, Staatskunde, Soziologie und Geschichte.

Am 15. September 1973 wurde er nach dem Tod seines Großvaters im Alter von 27 Jahren inthronisiert. Nach alter Tradition formulierte er einen Wahlspruch für seine Regentenzeit: »Für ein zeitgemäßes Schweden.« Damit wollte er den Anforderungen, die ein moderner Industriestaat an ihn als König stellte, gerecht werden. Im Laufe der Jahre erledigte er seine tägliche Arbeit sehr pflichtbewusst, obwohl er in einem Interview gestand, dass er lieber Bauer geworden wäre.

Doch das Schicksal hatte anderes mit ihm vor. Und so heiratete er nach vier Jahren Beziehung am 19. Juni 1976 die bürgerliche Silvia Sommerlath in der 300 Jahre alten Sankt Nikolai kyrka, der Domkirche Stockholms. In dieser dem heiligen Nikolaus gewidmeten Kirche sind neben dem Altar die Kronen von Luise Ulrike (auf Schwedisch: Lovisa Ulrika), die 1751 gekrönt wurde, und Erik XIV., der 1561 König wurde, zur Schau gestellt.

Vor der Hochzeit warteten die Ehrengäste in der Kathedrale auf den Beginn der Zeremonie. Unter ihnen auch viele gekrönte Häupter. Ein Raunen ging durch die Menge, als die Braut eintraf. Die Brautkrone aus Rotgold und Kameen stammten aus dem Besitz der Schwedenkönigin Josefina und waren eine Leihgabe ihrer Schwiegermutter Sibylla. Das historische Kameen-Diadem trug die Schwester des Königs, Prinzessin Birgitta von Schweden, anlässlich ihrer standesamtlichen Trauung am 25. Mai 1961 in Stockholm. Diese Tiara hat Tradition als Brautschmuck. Um das Geschmeide vom Hoffriseur ins Haar einflechten zu lassen, musste Königin Silvia mehr als zwei Stunden stillsitzen.

Die lange Schleppe aus Brüsseler Spitzen hatten vor ihr die Schwestern des Königs getragen. Der Brautstrauß war eine Komposition aus Jasminblüten, weißen Orchideen und Maiglöckchen. Silvia und Gustaf zogen gemeinsam in die Kirche ein. Später gestand sie, dass sie beim Einzug ständig die vielen Namen ihres zukünftigen Mannes wiederholt habe: Carl Gustaf Folke Hubertus Bernadotte.

Um 12.21 Uhr steckte der König seiner Silvia den Ring an den Finger, Schweden hatte eine Königin.

Das Paar fuhr in einer offenen Kutsche durch die Innenstadt von Stockholm. Die ganze Hochzeit war perfekt organisiert, doch dann das: In der Dior-Seidenrobe des Modeschöpfers Marc Bohan fehlte ein Täschchen fürs Schnupftuch. Ein Papiertaschentuch zierte mit einem roten Gummiringerl ein Handgelenk der Braut.

»Es war für mich und meine Frau ein wunderbarer Tag. Danke, dass Sie alle gekommen sind und ihn zu einem unvergesslichen und frohen Erlebnis gemacht haben. Wir sind sehr glücklich«, sagte der König in einer Ansprache an das schwedische Volk. Und kurz bevor Brautvater, Walther Sommerlath, ansetzte, die Brautrede zu halten, steckte ihm Tochter Silvia einen Zettel zu, auf dem geschrieben stand: »Ich liebe dich, Papa, dein Kätzchen.«

Die Tante des Königs, Königin Ingrid von Dänemark, nahm Silvia an der Hand, um sie ins Leben eines Königshauses einzuführen. Sie gab Silvia einen Einblick in die festgelegten Regeln und Abläufe des öffentlichen Lebens, vor allem in die Pflichten einer Königin. Und auch praktische Tipps bezüglich der Kleiderordnung und wie man seinen Hut bei starkem Wind befestigt.

Silvia eroberte die Herzen ihres angeheirateten Volkes im Sturm. Selbst ihre letzten Kritiker verstummten schnell. Konservative Schweden hatten zuvor Bedenken geäußert, ob eine Bür-

König Carl XVI. Gustaf und Königin Silvia. Sie eroberte die Herzen ihres angeheirateten Volkes im Sturm.

gerliche – und eine Deutsche – überhaupt die Richtige für ihren König sei.

Carl Gustaf hatte der eigenen Familie seine Pläne mit Silvia mit einigem Bedenken mitgeteilt. Denn am Schicksal seines Onkels Bertil konnte er sehen, dass so manches Vorurteil noch aus dem Wege geräumt werden musste, ehe seine Braut akzeptiert werden würde.

Bertil war nach dem Unfalltod seines Vaters quasi der Ersatzvater für den Thronfolger Carl Gustaf und hatte immer damit zu rechnen, die Regentschaft für den noch unmündigen Carl Gustaf übernehmen zu müssen. Daher verzichtete er jahrzehntelang auf die Ehe mit seiner bürgerlichen Freundin, der englischen Kabarettistin Lilian Davies.

Das Königspaar bekam drei Kinder, Victoria, Carl Philip und Madeleine. »Einem Kind das Leben zu schenken, ist die schönste Erfahrung, die man machen kann«, strahlte Königin Silvia, als sie die erst 18 Tage alte Prinzessin den Medien vorstellte.

Der Thron kann warten

Noch ist Mutter Victoria Kronprinzessin und die Nächste in der Reihe der Thronanwärterinnen. Allerdings ist es gut möglich, dass Estelle trotz des Altersunterschiedes das Zepter in derselben Ära führen wird wie die 2001 geborene Elisabeth von Belgien, die zwei Jahre jüngere Catharina-Amalia der Niederlande, die 2004 auf die Welt gekommene Ingrid Alexandra von Norwegen und Leonor, die Infantin von Spanien, die 2005 das Licht der Welt erblickte.

21. August 2018: Einschulung von Estelle in der Campus-Manilla-Grundschule in Djurgården, Stockholm

Prinzessin Estelle wuchs im Schloss Haga in Solna auf. Mit knapp acht Monaten war sie schon Hauptdarstellerin einer Ausstellung. Unter dem Titel *Prinzessin Estelle – Geburt und Taufe* wurden in Stockholm Bilder und Filme der neuen Nummer zwei der schwedischen Thronfolge gezeigt. Zum ersten Geburtstag kam ihre erste Autobiografie in die Buchhandlungen. Sätze wie »Ich und Oma Silvia hatten einen wunderbaren Sommer auf Schloss Solliden« stammen vom Ghostwriter Leif Brännström von der Boulevardzeitung *Expressen*.

Mit zwei Jahren besuchte sie die Vorschule Äventyret in der Gemeinde Danderyd außerhalb von Stockholm. Am 21. August

Prinzessin Estelle von Schweden gilt als Paradebeispiel für das perfekte Königskind.

2018 wurde sie in der Grundschule Campus Manilla in Djurgården, einem Stadtteil von Stockholm, eingeschult. Auch für europäische Mini-Prinzen und Mini-Prinzessinnen heißt es also Schulbank drücken. Selbst wenn sich die Erziehungsmethoden in jeder Dynastie ändern, dürfte Disziplin an erster Stelle stehen. Lächeln ist Pflicht, das lernen Thronerben wie Estelle von Anfang an.

Früh übt sich und schaut entzückend aus: das richtige Winken. So gedrillt, kann man die Herzen des Volkes gewinnen – und das von klein auf. Im Kleinkindalter Spaß an der öffentlichen Rolle zu haben, verzaubert Untertanen aller Altersstufen.

Wie man Sympathien gewinnt, weiß der Königshof, und so veröffentlichte er pünktlich zum Schulstart am 19. August 2019 ein neues Foto von Prinzessin Estelle. »Heute kehren viele Kinder wieder zu den Büchern zurück – so auch Prinzessin Estelle, die jetzt in der 1. Klasse beginnt. Sie freut sich, nach den Sommerferien all ihre Freunde wiederzusehen«, hieß es in den sozialen

Prinzessin Estelle wird von Opa König Carl XVI. Gustaf und Mama Victoria auf ihre zukünftige Rolle vorbereitet.

Netzwerken zum Foto, das von ihrer Mutter, Kronprinzessin Victoria, höchstpersönlich gemacht worden war.

Behutsam wird darauf geachtet, dass nicht zu viele private Details über Estelle an die Öffentlichkeit gelangen. So werden von der Pressestelle des Palastes ganz bewusst kleine Häppchen, die von Interesse sein könnten, an die Presse weitergegeben. Prinzessin Estelle überraschte etwa mit einem ziemlich besonderen Musikgeschmack: Neben der Gruppe Kiss sei sie auch ein begeisterter Fan von Metallica. Als Siebenjährige besuchte sie 2019 gemeinsam mit ihren Eltern sogar ein Konzert der Metal-Band. »Harte Musik« für ein »zartes Persönchen«, da staunte so mancher.

Estelle von Schweden gilt als Paradebeispiel eines perfekten Königskinds. Seit ihrem zweiten Lebensjahr wird das Mädchen – einzigartig unter europäischen Royals – im royalen Kalender geführt, nimmt Termine wahr und erfüllt somit royale Aufgaben. Natürlich an der Seite der Eltern, selbstverständlich stets ganz kindgerecht. Doch das Ziel ist klar: Die Thronerbin soll konsequent an ihre Lebensaufgabe herangeführt werden. Dazu gehört auch, dass Estelle mit einer extra engagierten Nanny auf Englisch plaudert und bei Terminen gemeinsam mit den Erwachsenen am Tisch sitzt. Kronprinzessin Victorias Leitgedanke bei der Erziehung lautet: Estelle soll sich in ihrer Umgebung und mit den Menschen um sie herum sicher fühlen.

Die Belastung durch Skandale der Vergangenheit

Sicher fühlte sich auch ihr Großvater, der jetzige König Carl XVI. Gustaf, als er sich auf außergewöhnliches Terrain begab. Es gab zwar immer wieder Gerüchte, der schwedische Monarch sei ein Schwerenöter, doch niemals wurde dies öffentlich diskutiert. Bis ihn im November 2010 die Biografie *Der widerwillige Monarch* in die Schlagzeilen brachte. Von wilden Partys und Affären mit jungen Frauen im Rotlichtmilieu war da die Rede. Der Monarchie kam der Glanz abhanden, die Schatten der Vergangenheit waren aktueller denn je.

Der Autor der Biografie, Thomas Sjöberg, brach ganz bewusst das Schweigen: »Wir hoffen, dass das Volk darüber informiert sein möchte, was eine kleine Clique in Stockholm immer schon gewusst hat. Es ist eine Frage der Demokratie. Jeder sollte Zugang zu den gleichen Informationen haben.«

Gleich mehrere Dutzend Frauen kamen in dem Buch zu Wort. »Viele Menschen, mit denen ich gesprochen habe, finden es gut, dass die leidenschaftlichen Affären, die Besuche in Stripclubs und die Kontakte zur kriminellen Halbwelt öffentlich gemacht werden. Dass es jemand wagt, ein Buch darüber zu schreiben, was wirklich geschehen ist«, erklärte Helen Wellton, eine der Informantinnen, ihre Beweggründe.

In Schweden ist der Kauf von Frauenkörpern mit Gefängnisstrafen von bis zu sechs Monaten belegt. Wäre dem König nachgewiesen worden, für Sex bezahlt zu haben, hätte er jedoch dennoch nicht zurücktreten müssen. Der Verfassung nach ist es nicht möglich, einen König »wegen seiner Handlungen zu belangen«. Er steht sozusagen über dem Gesetz. Öffentliche Aufforderungen, der Monarch solle abdanken, gab es jedoch. Die Abdankung ist in der Verfassung des Königreiches Schweden vom 28. Februar 1974 in Kapitel 5, Paragraf 4, festgelegt.

Das königliche Ungemach konnte Carl Gustaf zumindest familienintern regeln: »Bezugnehmend auf diese Schlagzeilen habe ich natürlich mit meiner Familie und der Königin gesprochen. Wir haben beschlossen, ein neues Kapitel aufzuschlagen und nach vorn zu schauen. So wie ich die Sache verstehe, geht es um Dinge, die weit zurückliegen. Wie gesagt, wir schauen nach vorn und konzentrieren uns auf unsere Arbeit.«

Und Königin Silvia setzte weiter fort: »Es ist ein Mediensturm, wenn ich ehrlich bin. Ich möchte nicht ins Detail gehen, aber es ist unglaublich beleidigend. Man steht dieser Situation völlig machtlos gegenüber. Es gibt immer jemanden, der das letzte Wort hat. Vielleicht verstehen es Journalisten nicht, was es bedeutet, auf diese Art und Weise vorgeführt zu werden. Das gilt natürlich für die ganze Familie. Sie haben geschrieben, dass ich kurz vor dem Zusammenbruch bin, bald werde ich deprimiert sein, Selbstmordgedanken haben etc. Ich habe die Schlagzeilen gesehen.«

Auch Kronprinzessin Victoria meldete sich zu Wort: »Es war

ein sehr hartes Jahr. Es tut weh, wenn über deine Eltern auf diese raue Art und Weise geschrieben wird.«

Mysteriös waren die Umstände des Todes von König Friedrich VIII. von Dänemark. Es war am Abend des 14. Mai 1912, als um circa 22.30 Uhr ein Mann ins Hamburger Hafenkrankenhaus eingeliefert wurde. Da er keine Papiere bei sich hatte, war es nicht klar, um wen es sich handelte. Belegt war, dass er auf dem Gänsemarkt, nur wenige Meter neben dem berüchtigten Edelbordell in der Schwiegerstraße, zusammengebrochen war und auf der Fahrt ins Krankenhaus gestorben sein musste. Der Assistenzarzt Rohde konnte nur noch seinen Tod feststellen – es war vermutlich Herzversagen – und ließ ihn in die Leichenhalle bringen.

»Etwa 60 Jahre alt, 1,65 Meter groß, graues Haar, Schnurrbart, dunkelgrauer Jackettanzug, dunkler Überzieher, schwarzer, steifer Hut, Schnürstiefel«, beschrieb Schutzmann Konietzke den edlen Herrn in einer Zirkulardepesche, die er an alle Polizeiwachen hinausschickte, um den Unbekannten zu identifizieren.

Am Morgen tauchte dann der Direktor des Nobelhotels Hamburger Hof im Hafenkrankenhaus auf. Er war auf der Suche nach einem vermissten Hotelgast. »Graf Kronsborg« sei von seinem Abendspaziergang nicht zurückgekehrt.

Aller Geheimniskrämerei zum Trotz sickerte innerhalb kurzer Zeit die Wahrheit über den ominösen Toten durch: Graf Kronsborg war in Wirklichkeit der dänische König Friedrich VIII., der sich inkognito mit seiner Frau und den vier Kindern in Hamburg aufhielt.

Der Skandal war perfekt: Der dänische König war unter seltsamen Umständen in Hamburg gewesen und hat stundenlang unerkannt zwischen Prostituierten und Kriminellen in der Leichenhalle des verruchtesten Krankenhauses der Stadt gelegen.

Reihenweise erschienen Sonderausgaben, um über die peinliche Sensation zu berichten.

Doch es sollte noch schlimmer kommen. Bald machte ein pikantes Gerücht die Runde: Der König sei in den Armen einer Prostituierten gestorben. Bekannt war er im Edelbordell an der Schwiegerstraße, denn der Monarch sei in den vergangenen Jahren regelmäßig dort zu Besuch gewesen, um sich zu amüsieren. Auch an seinem Todestag habe er sich da aufgehalten.

Das *Hamburger Echo* schrieb: »Der König ist in den Sielen gestorben.« Eine Redensart, die besagt, dass jemand mitten aus dem Leben gerissen wird. Bis heute ist nicht eindeutig geklärt, ob der König tatsächlich im Freudenhaus war. Es existieren keinerlei Protokolle über Verhöre mit Prostituierten, deshalb legte man die Geschichte als Hamburger Tratschgeschichte ad acta.

Bis im Jahr 2001 Dietmar Bittrich ein Buch mit drei Hamburger Liebesgeschichten veröffentlichte. Eine davon trug den Titel *Der König im Bordell*. Bittrich erzählt darin von seiner Großmutter, die ehemals angeblich in dem Edelbordell gearbeitet habe und eine Liebschaft mit dem König gehabt haben soll. In ihren Armen sei der König gestorben.

1912 bewies man Haltung. Am 16. Mai 1912 wurde der König nach Kopenhagen überführt. Die Ehrenkompanie des 76. Infanterie-Regiments geleitete den Sarg zum Hauptbahnhof und erwies ihm die letzte militärische Ehre. Acht Tage später fand in der Petri-Kirche in Kopenhagen die offizielle Trauerfeier statt.

Schutzmann Konietzke wurde abgemahnt und damit für den frevelhaften Umgang mit der Leiche des Königs verantwortlich gemacht.

Wer sich auf verbotenes Terrain wagt, wandelt auf Abwegen, und das ist eine äußerst heikle Angelegenheit. Verschwiegenheit ist in den Königshäusern oberstes Gebot. Was nicht für die Öffentlichkeit bestimmt ist, wird geheim gehalten und gilt als gegessen. Die Causa Carl Gustaf wurde zur Staatsaffäre und sorgte weit über die Landesgrenzen hinaus für Aufregung. Mittlerweile ist jedoch schon lange der Mantel des Schweigens darauf gelegt worden.

Wenn Frauen sich die gleichen Rechte herausgenommen haben wie Männer und eine Liebesaffäre eingingen, endete es meist tragisch. Ein berühmtes Beispiel, wie man mit untreuen Frauen verfuhr, war Luise von Österreich-Toskana, die letzte Kronprinzessin des Königreichs Sachsen vor dem Ende der Monarchie. Sie heiratete 1891 Prinz Friedrich August von Sachsen, den späteren Erben des Königsthrons, Friedrich August III.

Das Leben am Hof war für sie schwierig, ihr Mann stand nicht zu ihr. Sie war mit ihrem siebten Kind schwanger, als sie sich in André Giron, den Sprachlehrer ihrer Kinder, verliebte und mit ihm die Flucht in die Schweiz antrat, um aus der Enge des Königshauses zu entkommen. Das war der erste Skandal des deutschen Hochadels im 20. Jahrhundert. »Ihr Vorhaben hat ein besonders tragisches Ende genommen«, weiß Historikerin Martina Winkelhofer. »Ihr Schwiegervater hat gleich für sie die Scheidung eingereicht, und sie wurde sogar aus dem österreichischen Kaiserhaus ausgeschlossen, sie war ja eine geborene Erzherzogin von Österreich.«

Kaiser Franz Joseph in Wien diktierte am 20. Jänner 1903 ein Schreiben über die Suspendierung von Luise: »Streichung der Gemahlin Seiner Königlichen Hoheit des Kronprinzen von Sachsen aus dem genealogischen Verzeichnis der Mitglieder Meines Hauses.« Die Familie Habsburg hatte Luise verstoßen.

Am Beispiel von Luise kann man erkennen, dass Frauen eindeutig nicht die gleichen Möglichkeiten wie Männer hatten, wenn sie sich die gleichen Rechte herausnahmen, nämlich etwas Liebe oder eine Liaison nebenbei.

Doch wenn adelige Damen die Neugier plagt, werden sie mitunter einfallsreich. So setzte sich Kronprinzessin Beatrix der Niederlande einmal eine schwarzhaarige Perücke auf, um unerkannt die Prostituiertenmeile in Amsterdam zu besichtigen und zu erkunden, wie es denn außerhalb der Palastmauern in der Welt so zugeht.

Böses Getratsche damals, unerwünschte Medienberichterstattung aus dem Blickwinkel des schwedischen Königs heute. Der Hof wusste sich allerdings stets zu wehren.

Vor jedem Staatsbesuch, den König Carl XVI. Gustaf unternimmt, wird er vom schwedischen Ministerpräsidenten über die Innen- und Außenpolitik des betreffenden Landes und auch die Haltung Schwedens gegenüber dem zu besuchenden Land informiert.

So dürfte er 2004 vor seinem Staatsbesuch in Brunei, dem knapp 400 000 Einwohner zählenden Gas- und Ölstaat auf Borneo, vermutlich Wissen darüber erlangt haben, dass sein Gastgeber, Sultan Hassanal Bolkiah, ein Diktator ist, der sein reiches Land mit Ausnahmegesetzen und eiserner Hand regiert. Vom Schwedischen Rundfunk wurde Carl Gustaf vor Ort befragt, ob es für ihn ein Problem sei, mit einem solchen Machthaber einen seriösen Umgang zu pflegen. Die Antwort des Königs: »Ich erlebe das eher umgekehrt. Er hat eine kolossale Nähe zum Volk. An seinem Geburtstag zum Beispiel empfängt er 40 000 Menschen in seinem Palast. An zwei Tagen drückt er 20 000 Hände pro Tag. So gesehen ist das wohl ein offeneres Land als jedes andere.«

Die Pressestelle des Königs hatte in den Tagen nach dem Interview alle Hände voll zu tun. Die Antwort des Monarchen sei keine politische gewesen, er habe lediglich ausgedrückt, was er als Gast erlebt habe.

Der König entschuldigte sich beim Volk und auch beim Ministerpräsidenten.

Nach dieser politisch unsensiblen Aussage kam es zu Hause zu einer ernsthaften Diskussion über die Existenzberechtigung der schwedischen Monarchie. Doch es zeigte sich, dass das Bekenntnis der Bevölkerung zur Monarchie nicht so leicht zu erschüttern ist – auch nicht durch hitzige Medienstimmen. Als der Skandal noch köchelte, erwiesen sich 72 Prozent als treue Anhänger der Monarchie. Königliche Fettnäpfchen können eben überall lauern. Die Reißleine wurde gezogen: Seit damals begleitet ein Regierungsvertreter den König bei allen Reisen und führt alle inhaltlichen Gespräche.

Im Fokus der Medien

1998 gab der schwedische Königshof bekannt, dass Kronprinzessin Victoria, Herzogin von Västergötland, an Magersucht leide. Grund sei die ständige Beobachtung durch die Presse. Um sich dem Druck der Medien zu entziehen, brach Victoria für zwei Jahre alle Zelte in Schweden ab und studierte an der amerikanischen Universität Yale Politikwissenschaft und Geschichte. »Ich bilde mich weiter, um Schweden so gut wie möglich repräsentieren zu können«, sagte Victoria dazu in einem Interview mit der schwedischen Nachrichtenagentur TT. »Und ich hoffe, dass ich die Erwartungen der Menschen erfüllen kann.«

Ihre Mutter, ihr Vater und die Geschwister nennen sie »Oja«, ihre Freunde Vickan oder schlicht Vicky. Sie mag lange Spaziergänge mit ihrem Labrador »Jambo«, Pasta und Sushi. Ihre Freunde bekocht sie gerne, für sich selbst kocht sie nicht, dafür hat sie Personal.

Nach der Hochzeit des Königs mit der bürgerlichen Silvia Sommerlath erblickte Victoria Ingrid Alice Désirée am 14. Juli 1977 als erstes Kind das Licht der Welt. Am 13. Mai 1979 bekam die Prinzessin mit Carl Philip einen Bruder. Mit der Geburt von Prinzessin Madeleine am 10. Juni 1982 war die königliche Familie komplett.

Das Königspaar war sich einig, dass Prinzessin Victoria eine moderne Erziehung genießen und normale Schulen besuchen soll. Ihre Legasthenie bereitete ihr während der Schulzeit große Probleme. Offen bekannte sie sich dazu. Sie leide wie ihr Vater und ihr Bruder an einer Lese- und Schreibschwäche, und sie gestand öffentlich, dass sie sich Personen nur schwer einprägen kann. »In meiner Rolle ist das ein erhebliches Minus. Ich strenge mich unheimlich an, damit ich mir Namen und Gesichter merken kann. Aber sie wollen sich einfach nicht festsetzen«, erläuterte die Prinzessin.

In der Schule wurde sie als »Dummerchen« gehänselt, glaubte immer, »den Ansprüchen nicht gerecht zu werden«, schrieb sie in ihrer Biografie.

Wie der Historiker und Hofexperte Herman Lindqvist in der Zeitschrift *Svensk Damtidnings* ausführte, kommt die erbliche Dyslexie in der Dynastie der Bernadottes in jeder Generation vor. König Karl XV. (1826–1872) war ebenso davon betroffen wie sein Bruder Prinz Nikolaus August (1831–1873) oder König Gustaf V. (1858–1950) und sein Sohn Prinz Erik sowie Erbprinz Gustaf Adolf, der Vater des heutigen Königs. Laut Lindqvist war der Vater des Königs, Erbprinz Gustaf Adolf, durch diese Leseschwäche, die früher nicht als solche diagnostiziert wurde, persönlich schwer beeinträchtigt. Auch König Carl XVI. Gustaf musste hinter seinem Rücken viel Getuschel aufgrund seiner Erkrankung erdulden. Erst in der Generation von Kronprinzessin Victoria begann sich die Wissenschaft für die Leseschwäche zu interessieren, und die Öffentlichkeit wurde über Fortschritte in der Erforschung informiert.

Trotzdem gab es keine elitäre Behandlung für die zukünftige Königin, sondern eine normale Schullaufbahn. Von 1982 bis 1984 besuchte sie die Vorschule der Gemeinde Västerled, ab 1984 die Grundschule Smedlättskola in Bromma, anschließend die Ålstensskolan in Bromma und später das Enskilda-Gymnasium in Stockholm. Nach ihrer Matura 1996 studierte sie bis 1997 Französisch an der Université Catholique de l'Ouest in Angers und absolvierte dann ein Praktikum bei Regierung und Parlament, um deren Arbeitsweise besser kennenzulernen.

Während ihres Studiums in den USA verbrachte sie einen Monat an der schwedischen Botschaft in Washington, D.C. sowie zwei Monate bei den Vereinten Nationen. 2001 war sie in die schwedische EU-Ratspräsidentschaft eingebunden. Im Jahr darauf war sie Praktikantin bei der Schwedischen Außenhandelskammer in Berlin und in Paris. 2003 verbrachte sie bei verschiedenen schwedischen Firmen und absolvierte ihre militärische Grundausbildung – schließlich wird sie als Königin den höchsten Rang des schwedischen Militärs innehaben. 2006 und 2007 absolvierte die Kronprinzessin eine diplomatische Ausbildung im Auswärtigen Amt. Eine aufwendige Vorbereitung für eine fast ausschließliche repräsentative Funktion.

Männergeschichten der künftigen Königin dringen nicht an die Öffentlichkeit. Wem der erste Kuss gegolten hat, darüber wird nur hinter vorgehaltener Hand getuschelt. Oder in Boulevardblättern.

2003 gewann die schwedische Königsfamilie einen Gerichtsprozess gegen zwei deutsche Gossip-Magazine, die ausführlich über Victorias Wunsch, einen griechischen Prinzen zu heiraten, berichtet hatten. Eine Zeitungsente oder wie man heute auf Neudeutsch sagt: Fake.

Der Erste, der Victorias Herz gestohlen hat, war ein Daniel, aber nicht Daniel Westling, sondern Daniel Collert. 1993 lernten sich die beiden über gemeinsame Freunde kennen, drei Jahre währte die Beziehung zu dem Sohn eines schwedischen Industriellen. Nach dem Abitur trennte sich das Paar. Die mediale Aufmerksamkeit war Daniel Collert einfach zu viel.

Als Victoria 1998 wie erwähnt an Magersucht erkrankte und sich eine zweijährige Auszeit in den USA nahm, folgte Collert seiner ehemaligen Freundin und war für sie da, die beiden versuchten es ein zweites Mal miteinander. Gerüchten über eine mögliche Hochzeit folgte 2001 die endgültige Trennung.

Zurück in Stockholm überredete Schwesterherz Madeleine Victoria 2001 zu einem Besuch des exklusiven Fitnesstempels »Master Training«. Und da stand er muskelbepackt vor ihr: Fitnesstrainer Daniel Westling. Für die Kronprinzessin der Traumprinz, den sie heiraten wollte.

Das Paar hat bereits Höhen und Tiefen erlebt. Von Geburt an leidet Daniel unter einer eingeschränkten Nierenfunktion. Im Mai 2009 drohte ein Nierenversagen, eine Transplantation war unumgänglich. Sein Vater spendete ihm eine Niere.

Für Victorias Vater ist Daniel Westling kein Traumprinz: Hinter den Palastmauern wird gelästert, Westling sei ungebildet, spreche kein Wort Englisch, kleide sich in Jeans und mit Turnschuhen zu salopp. Damit sei er fürs diplomatische Parkett ungeeignet. Laut Medienberichten ist der König über Westlings bürgerliche Herkunft wenig erfreut, und das, obwohl er selbst mit Silvia Sommerlath eine Frau »vom Volk« geheiratet hat.

In einem Interview mit einer Stockholmer Zeitung machte Schwedens Kronprinzessin kein Hehl daraus, dass sie Daniel Westling heiraten wolle und erklärte entschlossen. »Ich hoffe auf den Tag, an dem ich das bekannt geben kann.«

Sieben Jahre musste Victoria auf ihren Traumprinzen warten, bis ihr Vater seine Einwilligung zur Heirat gab. Trotz großen Drucks gab Daniel Westling seine Prinzessin nicht auf. Und am 24. Februar 2009 erfüllte sich Victorias Wunsch: Der Hof bestätigte, dass sich Victoria und Daniel verlobt hatten und im Frühsommer 2010 heiraten würden.

Nachdem Daniel den Schweden vorgestellt worden war, lernten sie ihn als sympathischen jungen Mann mit Sinn für Humor kennen und sahen, dass er die Kronprinzessin voll unterstützte. Bald waren sie überzeugt, dass er mit einer gewissen Demut in die königliche Familie einheiraten würde. Sie lernten ihn zu schätzen und waren sich schon bald sicher, dass er ein sehr beliebter Prinz in Schweden werden würde.

Daniel Westling: »So, wie es die Aufgabe der Königin ist, den König zu unterstützen, so ist es an mir, die Kronprinzessin zu unterstützen. Wenn ich das so gut mache wie die Königin, bin ich mehr als zufrieden. Ich habe die Politik und Geschichte unseres Landes genau studiert und bin auf das Leben im Königshaus vorbereitet. Ich wollte verstehen, wie die Organisation im Palast funktioniert, wie bestimmte Sachen gemacht werden. Zum Glück hat das Königshaus viele sehr qualifizierte Mitarbeiter.«

Estelle steht wie ihre Mutter Victoria im Fokus der Medien. Bruder Oscar spielt nur eine Nebenrolle.

Wie Vater und Mutter einander gefunden haben

Als am 15. September 1973 für Carl Gustaf der Ernst des Lebens als schwedischer Regent begann, jubelte man auch in Örebro im Stadtteil Almby, zwei Stunden von Stockholm entfernt. In der 6000-Seelen-Gemeinde wurde an jenem Tag Daniel Olaf als Sohn des Beamten Olle Gunnar Westling und seiner Ehefrau, der Postangestellten Ewa Kristina, geboren. Dass am selben Tag Schweden einen neuen König bekam und auch dessen zukünftiger Schwiegersohn geboren wurde, konnte niemand erahnen.

Ein Sprung ins Jahr 2010: Bereits Monate vor der Hochzeit von Victoria und Daniel war ein Streit über deren Finanzierung mit Steuergeldern ausgebrochen. Immer mehr Bürger protestierten gegen die geschätzten Kosten von 2,2 Millionen Euro.
König Carl XVI. Gustaf hatte schon wenige Tage nach Bekanntwerden der Verlobung Sondermittel über seine jährliche Apanage von 112 Millionen Kronen (8,7 Millionen Euro) hinaus beim Finanzministerium erbeten. Kaum war dies bekannt geworden, meldeten sich innerhalb von zwei Tagen 27 000 Bürger im Facebook-Forum »Verweigert die Rechnung für Victorias Hochzeit« an. Es gebe auch Foren mit der umgekehrten Forderung, die aber deutlich weniger Mitglieder hätten, hieß es in *Expressen*. Im Nachbarland Norwegen musste König Harald V. die Hochzeiten von Kronprinz Haakon und Prinzessin Märtha-Louise aus eigener Tasche bezahlen, meldete die APA im März 2009.

Die Hochzeit von Victoria und Daniel am 19. Juni 2010 galt als *das* Ereignis für alle Royal-Fans. Der 19. Juni hat bei den Bernadottes Tradition, wenn es um Hochzeitstermine geht. Auch Kronprinz Oskar I. hatte Josefina von Leuchtenberg am 19. Juni (1823) geheiratet ebenso wie Kronprinz Karl XV. Luise der Niederlande (1850), Prinz Oskar II. (1857) Sophia von Nassau und die Eltern von Kronprinzessin Victoria, König Carl XVI. Gustaf und Silvia (1976).

Der Hochzeitstag war nicht zuletzt deshalb ein besonderes Ereignis, weil Victoria in ihrer Generation die einzige Thronfolgerin in ganz Europa ist, die sich in unmittelbar absehbarer Zeit mit

Krone und Zepter schmücken wird. Zudem wird sie nach fast 400 Jahren die erste Regentin ihres Landes sein. »Ich empfinde Freude und Stolz, dass ich für Schweden wirken kann, aber es ist einfacher, die Aufgaben zu lösen, wenn man zu zweit ist. Mit Daniel an meiner Seite fühle ich mich geborgen. Man hat sicherlich gemerkt, dass ich in den vergangenen Jahren stärker und glücklicher geworden bin. Jetzt können wir die Vorbereitungen beginnen, um uns etwas Eigenes aufzubauen und eine Familie zu gründen. Ich danke Mama und Papa für eure Hilfe und eure Unterstützung. Ich möchte auch dem schwedischen Volk danken, für die Wärme, die ich und Daniel von euch gespürt haben. Eure Unterstützung ist für uns ausgesprochen wichtig«, strahlte eine überglückliche Victoria.

Erzwungene Liebesbeziehungen sind keine Erfindung der Neuzeit. Sie existieren, seit es Verhältnisse gibt, also schon immer. Auch wenn nach wie vor die Hofschranzen tuscheln, dass Liebe nur etwas für Stubenmädchen sei, wird geheiratet, was das Zeug hält. Es geht ja um den Nachwuchs, der die Machterhaltung garantiert. Adel verpflichtet eben.

»Liebesheiraten am Königshof sind natürlich möglich. Das Problem ist nur, dass die Liebe nie abhandenkommen darf. Passiert das dennoch, werden die Royals einerseits in der Presse zerrissen, ihr Intimleben wird bis aufs Letzte ausgebreitet. Andererseits genügen sie damit ihren hohen Ansprüchen nicht mehr«, führt die Historikerin Martina Winkelhofer aus. »Eine Königin, deren Ehe in die Brüche geht, ist ein riesiges Problem. Nicht nur PR-technisch, sondern auch, was ihr eigenes Haus betrifft.«

Mutter Victoria ist noch in der Warteschleife

Victoria von Schweden feiert am 14. Juli Geburtstag. Es ist dies der sogenannte Victoriatag, den die Kronprinzessin jedes Jahr auf der Insel Öland verbringt. Die Idee zu diesem Ehrentag entstand 1978 in einem Gasthaus. Da saßen der 2018 verstorbene Ringer Frank Andersson, die 2015 verstorbene Sprinterin Linda Haglund und der heute 79-jährige ehemalige Fußballspieler Kay Wiestål in gemütlicher Runde beisammen. Wiestål hatte eine Idee: Er wollte den ersten Geburtstag der schwedischen Kronprinzessin gebührend feiern. Sie sollte an ihrem Ehrentag den erfolgreichsten Sportler Schwedens mit einem Preis auszeichnen. Sein Vorhaben wollte er dem König vortragen, doch wie konnte das gelingen? Der Wirt wusste die Lösung: »Das kannst du heute dem König persönlich erzählen. Er kommt nämlich gleich hierher.« Und so geschah es. Dem König gefiel die Idee, und der Victoriatag ward geboren. Der ansässige Sportverein Borgholm übernahm die Organisation.

2019 wurden aus dem exklusiven Victoriatag die Victoriatage, an denen man vom 12. bis 15. Juli der Kronprinzessin huldigte. Weitere Änderungen für die Zukunft wurden angekündigt.

Und weil immer öfter spekuliert wird, wann denn Victoria ihrem Vater als Königin folge, sei gesagt: Es ist noch nie vorgekommen, dass ein schwedischer König abgedankt hat. Es gäbe auch gar kein gesetzliches Regelwerk dafür. Da König Carl XVI. Gustaf bei bester Gesundheit ist, dauert es wohl noch, bis Victoria Königin wird. Bleibt nur zu hoffen, dass ihr ein ähnliches Schicksal, wie es Prinz Charles seit Langem beschieden ist, erspart bleibt.

Mit seinen 72 Jahren ist er, wie bereits erwähnt, der dienstälteste Thronfolger in der britischen Geschichte.

Um die guten Beziehungen zu anderen Adelshäusern zu pflegen, ist Kronprinzessin Victoria unter anderem Patentante von 19 Kindern. Darunter zukünftige weibliche und männliche Regenten wie Prinzessin Amalia der Niederlande, Prinzessin Ingrid Alexandra von Norwegen und Prinz Christian zu Dänemark. Victoria ist dieses Netzwerk sicher sehr dienlich, wenn sie den Thron der Bernadottes einmal besteigen wird.

Estelle kennt die Geschichte ihres Königshauses

Das schwedische Königshaus hat seine Wurzeln im napoleonischen Frankreich. Im Jahr 1809 adoptierte der kinderlose schwedische König Karl XIII. (1748–1818) Prinz Christian August von Schleswig-Holstein-Sonderburg-Augustenburg (1768–1810) und ließ ihn vom Schwedischen Ständereichstag zum Thronfolger wählen.

Nachdem Kronprinz Christian in Stockholm am 28. Mai 1810 überraschend starb, stellte sich die Nachfolgefrage erneut. Man führte mit Frankreich Gespräche, und die Wahl fiel auf Jean-Baptiste Bernadotte (1763–1844), den ausgezeichneten Heeresführer in der Armee von Napoleon.

Der Schwedische Ständereichstag wählte am 21. August 1810 Bernadotte einstimmig zum Kronprinzen von Schweden. Einen Monat später erhielt er von Napoleon die Urkunde, die ihn aus der französischen Staatsbürgerschaft entließ. Damit bekamen die Schweden nicht nur einen hochdekorierten Thronfolger und künftigen König, sondern auch eine elegante First Lady: Désirée,

Tochter eines Import-Export-Händlers aus Marseille. Pikantes Detail am Rande: die einstige Verlobte von Napoleon.

König Karl XIII. starb am 5. Februar 1818. Noch vor Mitternacht leisteten hohe Beamte ihren Eid auf den neuen schwedischen König, Karl XIV. Johann. Am 11. Mai 1818 wurde Jean-Baptiste Bernadotte durch den Erzbischof von Uppsala, Jacob Axelsson Lindblom, zum schwedischen König Karl XIV. Johann gekrönt. Von 1818 bis 1844 war er als Karl XIV. Johann König von Schweden und als Karl III. Johann König von Norwegen. Er ist der Begründer des schwedischen Königshauses.

So kamen die Bernadottes auf den schwedischen Thron – und sie regieren bis heute. Der amtierende Monarch Carl XVI. Gustaf ist der Urururenkel von Jean-Baptiste.

Hochwohlgeboren, stilvoll residieren

Der private Wohnsitz der schwedischen Königsfamilie Bernadotte befindet sich auf der Insel Lovön. Dort ließ Johann III. von Schweden 1580 für seine Gemahlin Katharina Jagiellonica, die damalige schwedische Königin, ein Schloss erbauen, dem er den Namen »Drottningholm« (Königinneninsel) gab.

1661 brannte das Schloss bis auf seine Grundmauern ab und wurde im Barockstil neu errichtet. Drottningholm gilt heute als das schwedische Versailles und wird derzeit von König Carl XVI. Gustaf und seiner Ehefrau Silvia bewohnt. Der Amtssitz des Königs im Stockholmer Schloss dient nur noch Repräsentationszwecken. 1992 wurde Drottningholm als erstes schwedisches Kulturdenkmal zum UNESCO-Kulturerbe erklärt. Vor allem wegen des chinesischen Schlösschens (Kina slott) und des Schlosstheaters Drottningholm (Drottningholms Slottsteater).

Bildnis in Blau: drei Generationen der schwedischen Monarchie

Mit mehr als 70 Schlössern mangelt es Schweden generell nicht an Prachtbauten. Zu den königlichen Schlössern gehören neben Schloss Drottningholm: Schloss Gripsholm, das Stockholmer Schloss, Schloss Rosendal, Schloss Rosersberg, Schloss Strömsholm, Schloss Tullgarn, Schloss Ulriksdal, die königliche Sommervilla Solliden und Schloss Haga, das von 1802 bis 1805 für König Gustaf IV. Adolf im italienischen Villastil errichtet wurde.

Der aktuelle Monarch und alle seine Schwestern wurden im Schloss Haga geboren. Gustaf VI. Adolf überließ es 1966 der schwedischen Regierung, die es als Gästehaus bei Staatsbesuchen nutzte. Im April 2009 wurde beschlossen, Kronprinzessin Victoria und ihrem zukünftigen Ehemann Daniel Westling das Schloss als Wohnsitz zu überlassen. Seit der Hochzeit am 19. Juni 2010 lebt das Kronprinzenpaar im Haga slott, das Victorias Schwester, Prinzessin Madeleine, eingerichtet hat.

Dass der König eigenen Besitz hat, wie zum Beispiel das Sommerschloss Solliden auf der Insel Öland, ist in Schweden aufgrund des offenen Umgangs mit Registern den staatlichen Behörden bekannt. Zudem müssen Könige und deren Kinder Steuern zahlen.

Insgesamt erhält das Königshaus vom Staat umgerechnet ungefähr 13,5 Millionen Euro (Stand: 2019) pro Jahr. Rund die Hälfte davon wird für die Verwaltung der Schlösser, Parks, das königliche Inventar wie Möbel und Kronjuwelen ausgegeben. Der Rest ist die Apanage, geht an den Hofstaat und wird vom König selbst verwaltet.

Der Regent zahlt jedem Familienmitglied einen bestimmten Betrag aus. Damit werden Kosten gedeckt, die in unmittelbarem Zusammenhang mit der Arbeit für die Krone stehen. Etwa für offizielle Reisen und das Personal (rund 200 Angestellte) in 62 Dienststellen. Wie viel jedes Familienmitglied bekommt, muss nicht ausgewiesen werden. Der König macht dies auch nicht. Das sonstige Leben finanzieren sich die schwedischen Royals über Privateinkünfte, etwa mittels Renditen aus Fondsanteilen und Aktien.

Nach der Reformierung des Grundgesetzes, der »Regierungsform« im Jahr 1974, kommen dem Regenten ausschließlich repräsentative und zeremonielle Aufgaben zu. Der König unterzeichnet keine Gesetze, ernennt keine Staatsminister und ist auch nicht Oberbefehlshaber der Streitkräfte. Er darf jeden Herbst den Schwedischen Reichstag mit einer Rede eröffnen, übernimmt immer die Leitung der ersten Sitzung einer neuen Regierung, akkreditiert die Botschafter anderer Länder und ist Vorsitzender des Beirats für Auswärtige Angelegenheiten.

Seit seinem Amtsantritt schneidet Carl Gustaf Bänder durch, hält Eröffnungsreden, feiert das Mittsommerfest mit seinen Untertanen und reist durch die Welt als Türöffner für Wirtschaftsdelegationen. Seine Admiralsuniform mit dem Ordensband der Seraphinerritter trägt er meist zu offiziellen Anlässen.

Königin Silvia setzt sich für Behinderte ein, fördert die Forschung und Behandlung von Senilität und gründete 1999 die World Childhood Foundation, die die Lebensbedingungen für Kinder auf der ganzen Welt verbessern möchte. Sie begleitet ihren Mann, den König, auch auf seinen Staatsbesuchen.

Kronprinzessin Victoria unterstützt den König bei seinen repräsentativen Aufgaben, wie zum Beispiel bei der Verleihung des Nobelpreises oder dem schwedischen Nationalfeiertag. Seit 2001 unternimmt sie offizielle Auslandsbesuche im Dienst der Krone. Gemeinsame Reisen mit ihrem Vater sind eher selten.

Für den Oktober 2019 plante Königin Silvia, an der Seite ihres Mannes nach Japan zu reisen, um bei der Inthronisation des neuen japanischen Kaisers Naruhito dabei zu sein. Doch dann ließ die Hofinformationschefin Margareta Thorgren die Boulevardzeitung *Expressen* wissen: »Die Kronprinzessin pflegt eine gute Verbindung zum künftigen Kaiser, und sie gehört der jüngeren Generation an. Die Königin hielt es für schön, wenn die Kronprinzessin dabei sein könnte, auch um die Verbindung für die Zukunft zu stärken.«

Allerdings nahmen Vater und Tochter zwei Flugzeuge, denn wenn sie gemeinsam reisen, reisen die beiden immer getrennt. Und das hat seinen guten Grund: »Es handelt sich um den Staatschef und die künftige Staatschefin. Seit langer Zeit reisen der König und die Kronprinzessin nicht mehr zusammen, aus Sicherheitsgründen, falls etwas passieren sollte«, so Thorgren. Eine Vorsichtsmaßnahme, die wohlüberlegt ist: Der Vater des heutigen Königs, Prinz Gustaf Adolf, kam 1947 bei einem Flugzeugabsturz ums Leben.

Sicherheitsvorkehrungen dieser Art trifft auch das britische Königshaus. Das königliche Protokoll besagt, dass zwei Thronerben niemals im selben Flugzeug sitzen dürfen, damit bei einem Unglück die königliche Linie geschützt wird.

Eine Vorschrift, die dereinst von Diana durchbrochen wurde, als sie mit Kronprinz Charles und Sohn William zusammen verreiste. Und auch Prinz William hat diese Tradition gebrochen: Er nahm im April 2014 seinen neun Monate alten Sohn, Prinz George, während einer offiziellen Reise nach Australien und Neuseeland im selben Flieger mit. 2017 flogen die beiden zusammen nach Polen und Deutschland.

Doch Sicherheitsregeln, so umfangreich sie auch sein mögen, können die Royals nicht vor Missgeschick und Pech bewahren. Als Prinzessin Estelle im Jänner 2020 bei einem Familien-Skiurlaub in den Alpen die Hänge hinunterfuhr, stürzte sie unglücklich und brach sich ein Bein. »Sie trägt jetzt einen dicken Gipsverband, ist aber sonst wohlauf«, teilte der Palast mit. »Die kleine Prinzessin mit dem Action-Gen«, war in den Medien zu lesen. Und gleichzeitig ging ein Video im Netz viral, in dem Estelle unter Anleitung von Vater Daniel mit Gipsfuß und zwei Krücken mitten im Wald mit Bruder Oscar

Klares Ziel: Die Thronerbin soll konsequent an ihre Lebensaufgabe herangeführt werden.

Die Vorbereitungen laufen, um Estelle als zukünftige Kronprinzessin in der Gesellschaft zu etablieren.

tanzte. Sportlich ist sie, ob auf Skiern, Skateboard oder Fahrrad – das hat sie wohl von ihrem Vater geerbt.

Die Vorbereitungen laufen auf Hochtouren, um Estelle als zukünftige Kronprinzessin und Thronerbin in der Gesellschaft zu etablieren. Die am 4. Februar 2020 neu gegründete Stiftung »Prinsessan Estelles Kulturstiftelse« trägt daher auch ihren Namen. Mit der Initiative möchte das Kronprinzenpaar kulturelle Aktivitäten in Schweden fördern, Kunst und die Bedeutung der Kultur für eine offene und moderne Gesellschaft hervorheben.

Wenn Sie mit der Herzogin von Östergötland, Estelle, in Kontakt treten wollen, schreiben Sie ihr. Die Anrede lautet schlicht und einfach: Ihre Königliche Hoheit, Prinzessin Estelle.

Die Adresse:
Kungliga Slottet
Slottsbacken 1
111 30 Stockholm
Schweden

Estelle, Prinzessin von Schweden, wurde am 23. Februar 2020 acht Jahre alt. Sie ist die Jüngste in der Riege der Königinnen der Zukunft.

Bildnachweis

Valery Hache/AFP/picturedesk.com (15), Pool Monaco/Action Press/ Sipa/picturedesk.com (16), Royalfoto/Action Press/picturedesk.com (18), Anwar Hussein/PA/picturedesk.com (25), Aaron Chown/AFP/picturedesk.com (27), PPE/Action Press/picturedesk.com (36), Patrick van Katwijk/dpa/picturedesk.com (39, 48, 49), Patrick Huerlimann/ Keystone/picturedesk.com (41), Rpe-Albert Nieboer/dpa/picturedesk.com (42), Utrecht, Robin/Action Press/picturedesk.com (45, 77), Jens Noergaard Larsen/EPA/picturedesk.com (47), Staff/EPA/picturedesk.com (61), Thierry Charlier/Camera Press/picturedesk.com (64, 85), RVD (88), RVD/Robin Utrecht Fotografie (89), RVD/Max Koot Studio/Rob Ris (93), RVD/Jeroen van der Meyde (102), ANP (105), ANP/Koen van Weel (115), RVD/Picture Report (119), RVD/Erwin Olaf (120), RVD/King Willem-Alexander (130), Det kongelige hoff/Jo Michael (132, 147), Tor Richardsen/EPA/picturedesk.com (133), Royal Press Europe/Action Press/ picturedesk.com (135), Det kongelige hoff/Julia Marie Naglestad (142), Det kongelige hoff/Jorgen Gomnaes (145), Det kongelige hoff/Ann Cathrin Buchard (159), Casa de S.M. el Rey/Borja Fotógrafos (160, 162, 163, 170), Casa de S.M. el Rey/Francisco Gómez (165), Casa de S.M. el Rey (185, 189, 194, 196), The Royal Court of Sweden/Kate Gabor (200), The Royal Court of Sweden/Bruno Ehrs (202, 213), The Royal Court of Sweden/Raphael Stecksén (215), The Royal Court of Sweden/Linda Broström (216, 240), The Royal Court of Sweden/Sara Friberg (217), The Royal Court of Sweden/Anna Lena Ahlström (229), The Royal Court of Sweden/Thron Ullberg (235), The Royal Court of Sweden/Henrik Garlöv (239)

Der Verlag hat alle Rechte abgeklärt. Konnten in einzelnen Fällen die Rechteinhaber der reproduzierten Bilder nicht ausfindig gemacht werden, bitten wir, dem Verlag bestehende Ansprüche zu melden.

Namenregister

Adamo, Salvatore 69
Albert von Sachsen-Teschen, Herzog 83
Albert I., König von Belgien 62
Albert II., König von Belgien 63–65, 67–69, 71f., 76, 79, 82, 173
Albert II., Fürst von Monaco 14f., 17, 84, 173
Albert Victor, Prinz (»Eddy«) 29f.
Alexander, Prinz von Schweden 206
Alexia, Prinzessin der Niederlande 89f., 104, 114, 117, 120f.
Alfonso V., König von Portugal 195
Alfonso, Infant von Spanien 167
Alfonso XII., König von Spanien 191
Alfonso XIII., König von Spanien 166, 180f., 191
Amedeo, Erzherzog von Österreich-Este, Prinz von Belgien 62
Amsberg, Claus von, Prinz der Niederlande 55, 95, 97–101, 114, 117f., 123, 128
Andersson, Frank 232

Andrew, Herzog von York 30f., 58, 106
Anna Paulowna, Königin der Niederlande 124
Anne, Prinzessin von England 58f.
Anne-Marie, Königin von Griechenland 43
Arbiter, Dickie 32, 56
Ariane, Prinzessin der Niederlande 89f., 104, 114, 117, 120f.
Armstrong-Jones, Anthony, Graf von Snowdon 154
Armstrong-Jones, David, Graf von Snowdon 154
Astrid, Königin von Belgien 83
Astrid, Prinzessin von Norwegen 136, 143

Baudouin I., König von Belgien 63, 69f., 72, 78–82
Beatrice, Prinzessin von England 31, 58
Beatrix, Königin der Niederlande 55, 89, 92–101, 103, 105, 107–109, 111–120, 122–125, 127–129, 223
Bedell Smith, Sally 57
Behn, Ari 148f., 151f.
Behn, Maud Angelica 149

Belhaj, Salima 126
Benedikte, Prinzessin von Dänemark 43
Berenboom, Alain 68
Bernadotte, Estelle (geb. Manville) 200
Bernadotte, Folke, Graf von Wisborg 200
Bernhard, Prinzgemahl der Niederlande 92, 94f., 101, 108–112, 125, 210
Bertil, Prinz von Schweden und Herzog von Halland 207f., 210, 214
Bettel, Xavier 36
Birgitta, Prinzessin von Schweden 211
Birkeli, Fridtjov 137
Bittrich, Dietmar 221
Boël, Delphine 67–69
Bohan, Marc 212
Bolkiah, Haji Hassanal, Sultan von Brunei 223
Bourbon Ruiz, Leandro von 180f.
Bourbon-Parma, Carlos Hugo von, Herzog von Parma 111f.
Bradby, Tom 34
Brännström, Leif 215
Brinkhorst, Laurentien, Prinzessin der Niederlande und von Oranien-Nassau 101, 117
Broertjes, Pieter 111
Bruinsma, Klaas 91
Burrell, Paul 32f.

Camilla, Herzogin von Cornwall (geb. Shand) 22f., 57–59
Carl XVI. Gustaf, König von Schweden 19, 51, 112, 199–214, 216, 218–220, 222–232, 234, 236–238
Carl Philip, Prinz von Schweden 202–204, 206, 214, 224f.
Casson, Sir Hugh 106
Catharina-Amalia, Kronprinzessin der Niederlande 50, 74, 87–90, 92, 103–106, 114, 117, 120f., 129f., 214, 233
Catherine, Herzogin von Cambridge (geb. Middleton) 24, 26f., 58, 85, 102
Charlène, Fürstin von Monaco (geb. Wittstock) 14f., 54
Charles, Prinz von Luxemburg 39
Charles, Fürst von Wales und Herzog von Cornwall 17–27, 32f., 56f., 59, 102, 106, 184, 232f., 238
Charlotte, Großherzogin von Luxemburg 209
Chatto, Sarah, Gräfin von Snowdon 154
Christian, Prinz zu Dänemark 46–50, 86, 134, 161, 233
Christian X., König von Dänemark 94
Cleeff, Munnick van 125
Collert, Daniel 227

Constantijn, Prinz der
 Niederlande 89, 97, 100f.,
 115, 117
Cristina, Infantin von Spanien
 169, 172–174, 190

Da Vinci, Leonardo 125
Danneels, Mario 67
Deborsu, Frédéric 73f.
Désirée, Königin von Schweden
 und Norwegen 233f.
Diana, Fürstin von Wales (geb.
 Spencer) 22f., 27, 32, 34, 57f.,
 102, 184, 238
Don Carlos, Infant von Spanien
 und Fürst von Asturien 166f.,
 181
Drees, Willem 109

Edward, Earl of Wessex 106
Edward VII., König des
 Vereinigten Königreichs 11,
 20, 28, 30, 207f.
Edward VIII., König des
 Vereinigten Königreichs 21
Ekstrand, Carl-Eric 210
Elena, Infantin von Spanien
 160, 169, 173f., 190
Elisabeth, Kaiserin von
 Österreich 28
Elisabeth, Königin von Belgien
 62
Elisabeth, Kronprinzessin von
 Belgien 50, 60–67, 74–77,
 85f., 103, 214
Elizabeth (»Queen Mum«),
 Königin des Vereinigten
 Königreichs 21, 28, 94
Elizabeth II., Königin des
 Vereinigten Königreichs
 18–24, 26–28, 31–34, 55–59,
 74, 84, 94, 107, 153, 205, 208
Emma, Königin der Niederlande
 119
Epstein, Jeffrey 29–31
Erik, Prinz von Schweden 225
Erik XIV., König von Schweden
 211
Estelle, Prinzessin von Schweden
 50, 74, 198–204, 210, 214–
 218, 229, 233, 239–241
Eugenie, Prinzessin von England
 58
Eyre, Pilar 173

Fabiola, Königin von Belgien
 70–72, 78–80
Faccio, Leonardo 177
Faruk, König von Ägypten und
 des Sudan 9
Felipe VI., König von Spanien
 51, 133f., 161f., 164, 169–171,
 173f., 177–179, 181–191, 193,
 195f.
Ferdinand I., König von Aragón,
 Sizilien und Sardinien 195
Ferdinand II., König von Sizilien
 54
Franco, Francisco 111, 167, 169,
 181, 191
Franz Ferdinand, Erzherzog von
 Österreich 207

Franz Joseph, Kaiser von Österreich 28, 52, 222
Franz Karl, Erzherzog von Österreich 52
Franz I. Stephan, Kaiser des Heiligen Römischen Reiches 205
Frederik, Kronprinz von Dänemark 44, 46–48, 55, 133f.
Frederik IX., König von Dänemark 43
Frederike, Königin von Griechenland 167f., 174
Friedrich II., König von Preußen 29
Friedrich VIII., König von Dänemark 220f.
Friedrich August III., König von Sachsen 222
Friedrich Wilhelm I., König von Preußen 29
Friedrich Wilhelm Ludwig, Großherzog von Baden 209
Friso, Prinz von Oranien-Nassau 91, 97, 100f., 114f., 134
Fylkesnes, Torgeir Knag 146

Gabriel, Prinz von Belgien 103
Gabriel, Prinz von Schweden 206
Gabriel Michael Louis Ronny von Nassau, Prinz 35
Gabriella, Prinzessin von Monaco 16f.
Garavani, Valentino 119
Georg II., König von Griechenland 168
Georg Wilhelm, Prinz von Hannover 169
George II., König von Großbritannien und Irland 92
George V., König des Vereinigten Königreichs 28
George VI., König von Großbritannien 21, 28
George of Cambridge, Prinz 24, 26f., 50, 238
Giron, André 222
Girón, Pedro 195
Goethe, Johann Wolfgang von 209
Gondrecourt, Leopold, Graf 28
González, Luis Miguel 178
Gorm der Alte 42
Grimaldi, Gracia Patricia, Fürstin von Monaco 17
Grimaldi, Jazmin Grace 14
Grimaldi-Coste, Alexandre 14
Grinda, Helene 110
Guerrero, Alonso 178, 183
Guillaume von Luxemburg, Erbgroßherzog 38f., 50
Gustaf IV. Adolf, König von Schweden 236
Gustaf V., König von Schweden 207f., 225
Gustaf VI. Adolf, König von Schweden 206–208, 210f., 225, 236

Gustaf Adolf, Prinz von Schweden 201, 204, 209f., 214, 225, 238
Gustaf Lennart, Graf von Wisborg 208f.

Haakon, Kronprinz von Norwegen 49, 131, 137, 139, 142–144, 148, 152–158, 202, 230
Haakon VII., König von Norwegen 141, 158
Habsburg, Otto von 133
Habsburg-Lothringen, Ferdinand 133
Haglund, Linda 232
Hannover, Caroline von, Herzogin zu Braunschweig und Lüneburg 17
Hannover, Ernst August von, Prinz 17
Hannover, Sophie von, Herzogin zu Braunschweig und Lüneburg 19
Hans-Adam II. von und zu Liechtenstein, Fürst 84
Harald V., König von Norwegen 19, 133–143, 146, 148f., 152, 154, 156f., 159, 168, 230
Haraldsen, Dagny (geb. Ulrichsen) 136f.
Haraldsen, Karl August 136
Harry, Herzog von Sussex 22f., 27, 31–34, 59
Heine, Heinrich 71

Heinrich IV., König von Kastilien und León 195
Hendrik, Prinz der Niederlande 128
Henri, Großherzog von Luxemburg 35–39
Henrik, Prinz von Dänemark 44, 47, 55f.
Hessen-Kassel, Friedrich von, König von Schweden 202
Hitler, Adolf 168
Hofmans, Greet 108f.
Høiby, Sven Olaf Bjarte 135
Hunt, Peter 32

Ingrid, Königin von Dänemark 43, 131, 212
Ingrid Alexandra, Kronprinzessin von Norwegen 49f., 74, 131–135, 142–148, 155, 158f., 214, 233
Irene, Prinzessin von Griechenland 168
Irene, Prinzessin der Niederlande 94f., 97, 111f.
Isabella, Prinzessin von Dänemark 47–49
Isabella I. Königin von Kastilien und Aragón 54, 195
Isabella II., Königin von Spanien 165

Jacques, Erbprinz von Monaco 16, 50
Jagiellonica, Katharina, Königin von Schweden 234

Jean, Prinz von Luxemburg 39
Joachim, Prinz von Dänemark 44
Jobson, Robert 57
Johann III., König von Schweden 234
Josephine, Prinzessin von Dänemark 47–49
Juan Carlos I., König von Spanien 12, 40, 118, 161f., 164, 166–169, 173–176, 178–184, 187, 190, 192f.
Juan de Borbón 166
Juliana, Königin der Niederlande 92, 94f., 97–99, 101, 107–113, 125–127
Juncker, Jean-Claude 35
Junor, Penny 32

Karl VI., Kaiser des Heiligen Römischen Reiches 205
Karl XI., König von Schweden 204
Karl XIII., König von Schweden (als Karl II. König von Norwegen) 233f.
Karl XIV. Johann, König von Schweden (als Karl III. Johann König von Norwegen) 157, 233f.
Karl XV., König von Schweden (als Karl IV. König von Norwegen) 158, 204, 225, 230
Karmasin, Helene 13, 51–53
Klestil, Thomas 40, 60
Knight, Clara 22

Konstantin II., König von Griechenland 43, 168

Latapi, Eugenio Vegas 166
Laurent, Prinz von Belgien 69f.
Leonor, Infantin von Spanien 50, 74, 160–165, 169–171, 185f., 190, 193–197, 214
Leopold I., König von Belgien 64f., 76, 83
Leopold II., König von Belgien 81–83
Letizia, Königin von Spanien (geb. Ortiz Rocasolano) 54, 134, 160, 162, 170f., 176–178, 182–186, 189f., 195f.
Liechtenstein, Joseph von und zu, Graf zu Rietberg, Prinz 40, 42, 50
Lightbody, Helen 20
Lilian, Prinzessin von Schweden, Herzogin von Halland (geb. Davies) 207, 214
Lindblom, Jacob Axelsson 234
Lindqvist, Herman 200, 225
Louis, Prinz von Luxemburg 35, 39
Louis II., Fürst von Monaco 13
Louise, Königin von Dänemark 207, 220
Luise, Kronprinzessin von Sachsen 222
Luise der Niederlande 230
Luise Ulrike (Lovisa Ulrika), Königin von Schweden 211
Lumumba, Patrice 81f.

249

Macron, Emmanuel 9
Madeleine, Prinzessin von Schweden 102, 106, 202f., 206, 214, 224f., 227, 236
Margaret, Prinzessin, Gräfin von Snowdon 27f., 94, 153f.
Margaretha, Prinzessin von Schweden 201
Margarita, Prinzessin von Bourbon-Parma 111f.
Margrethe II., Königin von Dänemark 19, 43–46, 49, 55f.
Margriet, Prinzessin der Niederlande 94, 97, 111, 117
Maria Christina, Prinzessin der Niederlande 94, 97, 108f., 111, 120, 124
Maria Christina von Österreich, Erzherzogin 83, 191
Maria Teresa, Großherzogin von Luxemburg 35–38, 54
Maria Theresia, Erzherzogin von Österreich 11, 133, 205
Marichalar, Jaime de 174
Markus, Georg 51
Märtha, Königin von Norwegen 136
Märtha Louise, Prinzessin von Norwegen 133f., 137, 143f., 148–152, 230
Mary, Kronprinzessin von Dänemark (geb. Donaldson) 46–49, 134, 200, 202
Mathilde, Königin von Belgien 54, 60, 62, 66f., 71–75

Maud, Königin von Norwegen 141, 158
Máxima, Königin der Niederlande (geb. Zorreguita Cerruti) 87–89, 91, 101–104, 114, 116–123, 129
Meghan, Herzogin von Sussex (geb. Markle) 31–34, 75
Mercedes, María 166f.
Mette-Marit, Kronprinzessin von Norwegen (geb. Tjessem Høiby) 49, 131, 134f., 144, 153–158
Michelangelo 125
Montiel, Sara 174
Mora y Aragón, Doña María de la Luz de 71
Morcillo González, Casimiro, Erzbischof 181
Mozart, Wolfgang Amadeus 96
Mozzi, Edoardo Mapelli, Graf 31
Murray, Malcolm 210

Napoleon, Kaiser von Frankreich 233f.
Naruhito, Kaiser von Japan 238
Nassau Antony, Tessy de 35
Nieto, Eliseo García 178
Nikolaus I., Zar von Russland 125
Nikolaus August von Schweden, Prinz 225
Nissvandt, Karin 208
Nordby, Trond 150
Nordeng, Elisabeth 149–151

O'Neill, Christopher 102, 206
Olav V., König von Norwegen
    131, 136–138, 141f., 154
Oosterhuis, Trijntje 106
Ortiz, Henar 177
Ortiz, Jesús 177
Ortiz Rocasolano, Érika 186
Oscar, Prinz von Schweden 229, 239
Oskar I., König von Schweden und Norwegen 158, 230
Oskar II., König von Schweden und Norwegen 203, 230

Paola, Königin von Belgien 67–69, 79, 82
Parker Bowles, Andrew 22f.
Paul (Pavlos), Kronprinz von Griechenland, Prinz von Dänemark 49
Perón, Juan 110
Petznek, Elisabeth Marie (»Erzsi«), Erzherzogin von Österreich 138f.
Petznek, Leopold 138f.
Philip, Herzog von Edinburgh 20f., 27, 55, 58
Philipp II., König von Spanien 126
Philippe, König von Belgien 51, 60, 62–67, 69, 71–76
Pilar, Infantin von Spanien 184
Polignac, Pierre Xavier de, Graf 13

Quickenborne, Vincent van 103

Raffael 125
Ragnhild, Prinzessin von Norwegen 136, 143
Rainier III., Fürst von Monaco 13, 17
Rajoy, Mariano 187
Ramel, Hans, Baron 210
Recasens, Ignacio 161
Reinfeldt, (John) Fredrik 199
Roberts Giuffre, Virginia 30f.
Robilant, Olghina 174
Robilant, Paola de 174
Rocasolano, David 177f.
Rubens, Peter Paul 124, 126
Rudolf, Kronprinz von Österreich 28f., 138
Ruelle, Maria José 174
Ruiz, Moragas Carmen 180f.
Ruiz de Bucesta Mora, (Don) José Gonzalo, Marquesado de Monasterio 70f.
Ruiz de Bucesta Mora, Jaime, Graf von Palamós 71
Ruiz de Bucesta y Osorio de Moscoso, José Maria 70f.
Rutte, Mark 116, 126

Saboya, María Gabriela de, Königin von Spanien 174
Sacirbey, Muhamed 91
Saleh, Raden, Prinz 125
Sannum, Eva 182
Sartiau, Ingrid 174f.
Sástago, Pilar de 80
Sayn-Wittgenstein-Sayn, Corinna zu, Prinzessin 175

Schleswig-Holstein-Sonderburg-Augustenburg, Christian August von, Prinz 233
Sellers, Peter 154
Sélys de Longchamps, Sybille de, Baronin 67
Sibylla, Erbprinzessin von Schweden 210f.
Silvia, Königin von Schweden (geb. Sommerlath) 112, 198, 200, 202f., 211–215, 219f., 224f., 228, 230f., 234, 237f.
Sjöberg, Thomas 218
Sofía, Prinzessin von Griechenland und Dänemark, Königin von Spanien 161f., 167–169, 173–176, 179, 181–183, 186f., 190
Sofía, Infantin von Spanien 170f., 185f., 190
Sola Jimenez, Albert 174f.
Sommerlath, Alice 201
Sommerlath, Walther 212
Sonja, Gräfin von Wisborg (geb. Haunz) 209
Sonja, Königin von Norwegen (geb. Haraldsen) 136–139, 154, 156f.
Sophia, Königin von Schweden und Norwegen 230
Sophie, Gräfin Chotek von Chotkowa und Wognin 207
Sophie Friederike, Erzherzogin von Österreich 51f.
Spencer, Charles, Earl Spencer 32

Stålsett, Gunnar 131
Stéphanie, Erbgroßherzogin von Luxemburg 39
Sverre Magnus, Prinz von Norwegen 143f., 155

Tejera, David 178
Ter Haar, Marc 89
Ter Linden, Carel 89
Thorgren, Margareta 238
Tjeenk Willink, Herman 89
Tjessem, Marit 134
Townsend, Peter 153f.
Trolle-Wachtmeister, Alice 199

Udekem d'Acoz, Hélène d', Komtess 62
Umberto, König von Italien 168
Urdangarin Liebaert, Iñaki 172f., 177
Urschitz, Karl 11
Uyl, Joop den 110

Van Welderen, Samantha 89
Verrett, Durek 151f.
Viana, Karl von, Prinz von Navarra 195
Victoria, Königin des Vereinigten Königreichs 11, 20, 28f., 166, 207f.
Victoria, Kronprinzessin von Schweden 49, 51, 87, 89, 133f., 186, 198f., 201–205, 214, 216–220, 224–233, 236–238, 240

Victoria Eugénie, Königin von Spanien 166, 181
Vincent, Prinz von Dänemark 47–49
Vollenhoven, Pieter van 117

Wagle, Finn 138
Waringo, Jeannot 38
Wejryd, Anders 201
Wellton, Helen 219
Westling, Daniel, Herzog von Västergötland 186, 198f., 201f., 217f., 227–231, 236, 239f.
Westling, Ewa 200, 229
Westling, Olle 227, 229
Westling Söderström, Anna 202
Wiestål, Kay 232
Wilhelm, Prinz von Schweden und Herzog von Södermanland 208
Wilhelm I., König der Niederlande 90, 108, 126f.
Wilhelm II., König der Niederlande 98, 124f.
Wilhelm III., König der Niederlande 107, 122
Wilhelmina, Königin der Niederlande 90, 108, 123f., 128
Willem-Alexander, König der Niederlande 51, 55, 87, 89, 91, 97f., 100–105, 114–124, 127, 129f., 202
William, Herzog von Cambridge 22–24, 26f., 32, 34, 58f., 85, 102, 238
Winckler, Kai 198f.
Windisch-Graetz, Ernst zu, Prinz 139
Windisch-Graetz, Otto zu, Prinz 139
Windisch-Graetz, Rudolf Johann zu, Prinz 139
Winkelhofer, Martina 66, 104, 121, 222, 231
Wirer, Franz 52
Wisse Smit, Mabel, Prinzessin von Oranien-Nassau 91, 114, 134

Zavala, José María 174
Zimmermann, Egon 113
Zita, Kaiserin von Österreich 111
Zorreguieta, Jorge 102, 118f.
Zorreguieta, Martín 89

LESERIN, ICH LIEBE DICH!

Ohne dich, liebe Leserin, lieber Leser, gäbe es keine Bücher, keine Buchhandlungen und auch keine Verlage.

Daher wollen wir, unsere Autorinnen und Autoren dir mit unseren Liebeserklärungen DANKE sagen!

Möchtest auch du uns eine Liebeserklärung an ein Buch, an eine Autorin, an einen Autor oder an den Verlag schicken, freuen wir uns über Post an leserinichliebedich@amalthea.at.

Amalthea berührt, amüsiert und verführt.

LESERINICHLIEBEDICH.AT
#LESERINICHLIEBEDICH
#AMALTHEAVERLAG

Die Wiener Geschichte einer europäischen Dynastie

Hohe herrschaftliche Säulen, elegante weiße Fassade – das Palais Coburg in Wien vermittelt den Eindruck von Macht und Weltbedeutung. Mit der Hochzeit Ferdinand Georgs von Sachsen-Coburg und Maria Antonia Kohárys beginnt hier im frühen 19. Jahrhundert der kometenhafte Aufstieg der österreichischen Coburger, die im Lauf ihrer Geschichte zahlreiche gekrönte Häupter, Könige wie Zaren, hervorbringen. Neben glanzvollen Festen und Triumphen ist das Palais in Wien jedoch auch Schauplatz so mancher menschlichen Tragödie.

Günter Fuhrmann erzählt erstmals die Geschichte der Wiener Coburger von den Anfängen bis heute und zeichnet dabei das eindrucksvolle Porträt einer großen Familie.

....

Günter Fuhrmann

Haus der Könige

Das Wiener Palais Coburg
Throne, Triumphe, Tragödien

272 Seiten, mit zahlreichen Abbildungen
ISBN 978-3-99050-121-4
eISBN 978-3-903217-06-5

Amalthea amalthea.at